四五论坛
4-5 Forum

第 28 期；2016-01 卷

Issue No.: 28, Vol. 2016-01

主编：Ge Yang 戈阳

ISBN: 1530727286
ISBN-13: 978-1530727285

鸣谢

《四五论坛》感谢您购买此书，感谢您关注中国、支持中国大陆的现代化/民主化进程。我，谨代表本杂志，希望此期刊成为您倾听异议者的声音的渠道，也希望此刊成为倡导自由民主的旗帜。

——《四五论坛》主编戈阳

目录

致谢

《四五论坛》主编戈阳感谢徐文立先生的大力支持，同时对徐先生多年来对民主宪政的追求表示敬意与钦佩。正是因为他的坚持和不忘怀，才使得《四五论坛》到今天还能再复刊，并以正式出版物的形式与更广范围的读者见面。本刊继续以追求民主宪政为使命，以探讨宪政民主理论在中国环境下的状态为立足点，希冀在未来成为一份具有国际学术水准的理论刊物。

《四五论坛》亦感谢本期作者的贡献，包括徐文立、文迪、钟国平、陈素立、修宪等。

《四五论坛》亦感谢所有之前的与现任的所有编辑们，你们辛苦了，希望今天的《四五论坛》的复刊给你们些许安慰，同时也期待你们一如既往地关注新的《四五论坛》杂志。

为纪念《四五论坛》复刊，徐文立先生将收藏多年的《四五论坛》创刊号的封面及最后一期的告别刊的封面提供给主编戈阳先生，作为答谢读者的信任与厚爱，特附在本期最后。《四五论坛》最初叫《四五报》，后与《人民论坛》合并，叫《四五论坛》，因此，创刊期的封面为《四五报》，而最后一期的封面为《四五论坛》。

1 《四五论坛》再复刊卷首语

徐文立

《四五论坛》1978 年的发刊词是："九百六十万平方公里的中国，除台湾（港澳）外，现在还没有一张非官方报纸。对立面的互相依存，又互相斗争。这就是《四五报》（即『四五论坛』）发刊和存在的理论基础。"在当年的政治环境下，发刊词也只能写成这个样子；存在离不开那时万马齐暗的历史情景，《四五论坛》能够存在就是奇迹。它的出现，标明反对派的初步形成，再不应是孤胆愤青的呐喊。

《四五论坛》是 1978 年 11 月 26 日起始的，1980 年 3 月被迫停刊。当时所在的同仁们全体签名宣布编辑部解散，我用所剩的全部资金为每一位成员买了十几本人文科学的书籍，作为纪念。

《四五论坛》是 1978『民主墙』上的第一份民办月刊，也是『民主墙』最后停刊的杂志，前后 17 期；以邮购和『民主墙』前出售的方式发行；读者遍布当时中国所有地区和五大洲的外国在华留学生群体及各国记者和使领馆人士，最令人难忘是法国的玛丽女士和白天祥先生及北京大学留学生英国爱丁堡人罗宾先生；最偏远的邮购者来自西藏林芝，最年长的订阅者是著名地质学家黄汲清先生。

《四五论坛》也是『民主墙』时代唯一有宗旨、内规和财务管理的民刊，作为一个准组织它领导了『民主墙』的民主讨论会、民意测验、营救难友、1979『十一』星星美展游行……。1980 年 3 月停刊后，我个人反而更进了一步，公开发表了政治纲领《庚申变法》二十条和开始秘密组建反对党，以至前后被中共政府两次判刑 28 年，实际坐了 16 年牢狱。也以至於日本 NHK 电视台在《庚申变法》发表 28 年後依然沒有忘記，2008 年 NHK 电视台派人专程從日本到美国我們家继续就此纲领采访了我。

《四五论坛》再复刊，不由得让我想起共同的发起和召集人戴学忠、赵南、吕朴、刘青、侯宗哲和同仁王冲、杨靖、马淑季、胥金铎、李小勇、张铁岭、黄一民、梁大光、金桂元、闫涛、牟家玮、张琴、刘金华、李其格、王湘明、编外的二位老师、一时的顾乡、已故的赵润身；北京之外的重要联系人或分支：广东的王希哲、山东的孙维邦、湖北的秦永敏、天津的刘士贤、河南的刘二安、浙江……，他们的名字镌刻在历史的记忆中；不由得让我想起同仁们面红耳赤的论辩、民主的投票，彻夜的写稿、刻版、手推印刷、……，包子、大锅粥，和衣睡地……，时时的政治高压和被抄家、被逮捕的高风险……他们的付出和奉献。

《四五论坛》的光荣和重担让我永不敢忘怀，于 2013 年我请学识渊博、温良敦厚的飞英先生任主编，他 10 月 20 日开始通过邮件与网络论坛形式复刊。

《四五论坛》从 2016 年起，浴火重生，将以自发行方式向公众发布。今天它是全新的，它有了国际书刊号，成为正式的出版物。

《四五论坛》原本是异议人士的同仁刊物，现在将是集中于宪政和自由主义的理论探讨的专业性杂志，文章必须是原创＋首发，宁缺毋滥。

异议本不应该是目的，传导自由主义和宪政民主才是目标。

《四五论坛》现在的主编就是年轻的戈阳先生和他的专业团队。

祝他们好运、成功，更上层楼，出于蓝而胜于蓝。

2 与“1946年的制宪国大和宪法的拥趸者”商榷概论

文迪

在正常社会研究历史并不能预知未来，但是东方这片土地上，历史总是原地踏步没有前进，因此在这样一个原始古老的地方，研究历史便可以预知未来。如果今天的我们为了证实我们的预知能力，吸取所谓的历史教训，那么，未来的我们只会和古代的祖先那样原地踏步，裹足不前。

既是概论，自未涉猎1946年前后的国内外形势和美苏两大阵营开始的冷战、美国对华政策的转变和失误对中国政局的影响，中共开始从隐忍到嚣张和进攻的态势，以及国民政府、蒋介石先生的局限和为难之处，此概论只是作为此类话题的引玉之砖。

首先从性质上看1946年的宪法及其制定过程，它是政党政治的延伸，它根本不代表任何“选民的权利”，因此，整个宪法制定过程就在讨论权力结构如何形成，却根本不顾及权力如何制约以确保全体选民的自由和权利，最后弄出一个金字塔式的中央集权专制统治结构，仍然回到原点——专制，在这样的宪法之下，选民仍然没有任何权利，只有个人依附于政党，通过政党得到权力，然后才可以获得自己个人的特殊权利。这就是为什么制宪会议召开的结果仍然是回到原点，使得历史的车轮仍然原地打滑。

第一、制宪会议的代表不具备合法性

制宪会议的第一使命应该是“代表全体选民”而不是代表全体政党！因此，各方代表的组成必须确保来自全体选民。这种代表的合法性如何确保？那就是全体选民在各自选区选举制宪会议代表，而政党在其中的角色就是利用自身政党的优势向所在选区的选民进行宣传，争取得到选民的支持，从而获得制宪会议上的席位。

与此相比，1946年的制宪会议没有直选与会代表，而只是各个政党按照当时的实力通过谈判或各种方式获得制宪会议上的发言权和权力，各政党代表的不是选民的利益，而是政党党魁的利益。可以这么说，这个所谓的制宪会议是一次各个政党进行权力分赃的会议，与真正的制宪会议相差极远。不代表选民利益的“代表”当然根本想不到选民利益是什么，当然根本不会想到如何通过限制权力来保障公民的自由与权利。

第二、制宪会议的结果不是一部真正的宪法，而是权力分配法案，这部宪法不能成为法治社会的最高大法，实际上也是伪宪

宪法是否为真正的宪法要看其内容，而不是给这部法律安上“宪法”的名字。制宪会议的权力分赃大会得出的法律根本不去限定权力的边界，使得谁掌握政府权力，谁便掌握了一切。这部宪法虽然在文字上“保障人民的自由权利”以及“主权在民”，而实际上，由于权力的无边无界，使得这些都成了欺骗选民的遮羞布。一个“中央政府”统治下的金字塔集权模式等于从实质上否定了人民的权力，进而否定了人民的权利。最终人民仍然没有自由，仍然成为皇权蹂躏的对象，人民仍然是一个没有尊严的称谓！

所谓五权分立的中央与地方的均权模式就是赤裸裸的权力分赃，它以法律形式确定了各政党在其势力范围内与中央政府之间的权力平衡与较量，告诉了人民大众，在这个原始古老的土地上，人没有独立，更没有尊严，如果需要特权，你必须依附于某个有权力的政党。

第三、在宪政体制下，宪法是唯一限定权力边界的法律，而1946年宪法却成了权力分赃的法律

当制定宪法只是几个政党代表之间的权力较量时，谁也不会为这张权力大饼划定边界，因为在权力无限的情况下，即使分赃不均，各党派仍然可以获得治内的无限统治权。

人民的自由和权利不是用法律将口号写下来的，而是用法律将权力边界划定下来的，这样，在权力之外的任何方面，其权力都是人民的，但是当权力没有受到约束的时候，那些空洞的口号不过就是愚弄人民的工具，根本就不是宪法。

第四、只有对权力边界进行严格界定的宪法才算是保障主权在民，除此之外的其他内容将全部成为侵害选民权利与自由的条款

这部宪法号称是“美式宪法”，其实根本不是。美国宪法只有一个内容，就是确立三权分立，即以最高大法来确立三权的合法性，以及规定三权的产生、变更及宪法本身变更的程序，同时最重要的，就是宪法本身的生效方式，这其中有一个重要的内容，就是代表们通过的宪法必须得到全体选民的同意和确认，而不能直接就通过，这样才确保这个国家的宪政与宪法正式成立，政府成为具有合法性的政府。

反观1946年的中华民国宪法，有多少虚伪的口号充当侵害人民自由的遮羞布？更有多少内容对权力边界进行限定的？前者有许

多，后者一个也没有。就这样的号称宪法的法律，怎么能说是“美式宪法”呢！

其次、若要推动中国真正的自由与民主，而不是再次进行权力分赃大会的话，我们应当记住，除了组党以获得影响力之外，最重要的是你的政党若要执政，就必须始终将人民的自由与权利放在首位，否则你无法代表你的选民，或者没有选民会支持你，否则任何真正有思想有民主理念的独立候选人都可能击败你和你所代表的政党。这就需要了解，宪法制定后，参与制宪会议的人不会自动成为权力机构的最高领导，而是由选民按照宪法进行各种选举，或由选民的代表按照宪法进行任命。这就是说，参与制宪会议者，最终可能除了这一任务以外，什么官职也没有，就是一个平民。然而正因如此，制宪会议的与会者才需要考虑人民的自由与权利，因为你制定完这个宪法之后，你就是平民，你若想进入政界，则必须按照宪法程序参与公共社会的管理。

最后，个人认为，历史发生过以后，不要指望回过头去重来一遍，这种幼稚的思维将成为社会发展的巨大障碍。美国的独立宣言至今在我们看来多么至高无上，然而在美国的中学生课堂上，都受到年轻学生们的批评，批评其并未真正维护每一个人的权利与自由。而欧洲历史上的“文艺复兴”运动，历经三百年最终也以否定而不是继承古希腊罗马那些成果，因为历史是前行的，任何时候都无法倒退到原点。对历史的反思，更应该注重其缺陷的地方，而不是歌颂其在当时有多么进步。这就是批判性思维，如果不具备这种思维习惯，我们将不会有哪怕是任何一点点的历史突破。至今中国的任何一段历史或者说整个的历史，已经成为了我们的极其严重的包袱，使得我们的思想永远无法进步。

附件（略）：

1、刘山鹰：1946 年的宪政方案

2、刘山鹰：1946 年的政协宪政方案失败原因探析

3 美国历史上从未有过“华盛顿革命集团”

——评冯胜平先生《致习近平先生的一封信》

钟国平

冯胜平先生在《致习近平先生的一封信》中主张“党内民主，以法治国：让少数人先民主起来”，他以美国实现民主化的“历史”为蓝本，试图说明“从一党为大的党内民主出发”可以达成全社会的民主。他的“美国蓝本”说，当年美国就是以“华盛顿革命集团”为核心开始搞“党主立宪”，从而发展到了今天。这位号称三十年前到美国读书时就通读了《美国制宪会议笔记》巨著的“学者”冯胜平先生，以学者和专业人士的身份提出了“华盛顿革命集团”的说法，笔者搜遍所有的英文学术与非学术资料，没有找到任何一个此种说法的学术出处，而文中对美国历史的篡改与歪曲，更是随处可见。笔者将之集中分析于以下五个要点中：

一、冯先生说：“美国建国初期，也是一党——华盛顿革命集团——独大，没有与其它政治势力分享政权……没有与被赶到英伦三岛的保守派共同制宪，也没有与国内自由派托马斯•潘恩和亨利•帕特里克分享政权。（华盛顿的）朋友麦迪逊忠实地记录了制宪会议的全过程。”

事实上根本不存在一个“华盛顿革命集团”。1774 年，富兰克林召集 13 个殖民地秘密组成大陆议会并召开第一届会议，1775 年的第二届会议任命华盛顿为总司令，因为在所有议员中他最有作战经验，指挥过不超过 1200 人的军队。任命华盛顿更是出于政治上的妥协：非常多的议员厌恶北方殖民地的那种反抗精神，而华盛顿是弗吉尼亚州的农场主，而且具有领导能力、作战经验，富有贵族精神，家境富裕。因此他的背景让每个议员都觉得满意。独立战争胜利后，他解散部队，辞去一切职务，回老家经营农场去了，直到 1787 年再次被选为弗吉尼亚州的费城会议代表。

费城会议代表都是各州指派的专业人士，原定 70 名代表，实际到会 55 名代表，平均年龄 42 岁。富兰克林被尊为议长

（“patriarch”）；华盛顿为会议主席，就是主持人，自己不参与发表意见；威廉•杰克逊被选为秘书长，做会议记录，但他的笔记太简略，而麦迪逊的笔记并非由代表们指定，但内容详细，最终成为历史文件留下来，与华盛顿无关。52 名代表曾在殖民地政府或州政府任过职，一半以上是律师，75%曾经当过大陆议会或邦联议会的议员，29 名参加过独立战争。这些人为一个独立的国家而战，没有任何人以华盛顿个人为中心形成过“华盛顿革命集团”！

美国史料记载：杰出人物中有人未参加制宪会议，原因如下：托马斯•杰斐逊在法国任大使，他在给在英国任大使的约翰•亚当斯的信中表示对这次会议的支持；帕特里克•亨利（这才是此人的姓名的正确顺序，大学者连人名都没搞清楚）拒绝参加费城会议，他说他闻到了“专制”的味道；其他的如约翰•汉考克生病；另有未入选者是因为选民认为他们不适合和平时代的国家管理。冯先生提及的托马斯•潘恩是 1775 年才移民到美国的，虽然写的脍炙人口的小册子《常识》销量极大，1777 年却因密通法国而后遭到邦联政府解职，1787 年他已经去了伦敦，加入最终于 1789 年爆发的法国大革命。……所有这些原因都与华盛顿无关！

二、冯先生说：“美国的宪法是人制订的。具体地说，是战胜了英国殖民者的华盛顿革命集团制订的，在相当长一段时期内也是由这一集团执行的。”

真实情况是：费城制宪会议既不是华盛顿提出的，也不是他担当实际领袖，更不是他参与意见的：1786 年 5 月，南卡罗来纳州的查尔斯•平克尼在马里兰州的安纳波利斯召开的安纳波利斯会议上向邦联议会请求召开修改邦联条例的会议，得到 6 个州的强烈支持，通过了一项议案，呼吁所有州在 1787 年 5 月相聚于费城以讨论如何在“大公约”下改善邦联条例。这就是费城会议的来历。所有代表都是由各州依照他们的法律推举出来的，制宪会议上代表们尊富兰克林而不是华盛顿为议长（“patriarch”），也就是说制宪是在富兰克林领导下完成的，冯先生很夸张地说的“富兰克林一锤定音”之类的酸倒一整排牙齿的话恰好印证了富兰克林而不是华盛顿在会议中的领袖地位，也说明了没有一个“华盛顿革命集团”在制定美国宪法！

史料记载，华盛顿没有搞助选活动，也不因为当选总统而兴奋，他的太太还因华盛顿的当选而不高兴。但因为初任总统责任重大，他更是全国最富有的人之一（这一点很重要，因为当年的总统薪俸低，卸任后没有收入，若没有强大的财富做后盾，卸任后的生活质量会大受影响），加上他的威望高，所有州都投票给他。华盛顿是美国历史上唯一全票当选的总统和唯一一个无党派总统，约翰•亚当斯数票第二，为副总统，亚历山大•汉密尔顿被任命为财政部长，托马斯•杰斐逊为国务卿，埃德蒙•兰德夫为司法部长，这样的内阁成员从能力和从资历上看，哪一个不是最佳人选？哪一个与所谓的“华盛顿革命集团”有关系？哪个“其他政治势力”，如果还存在的话，比这些人更加称职？居然说没与“托马斯•潘恩”分享政权，请问冯先生知道他连大学都没读过，在英国是一个破产的小业主，于 1774 年底到的美国，1777 年任外交部长期间，因与法国秘密谈判的丑闻被揭露而于 1779 年被从邦联议会开除的经历吗？还有帕特里克•亨利，他是律师也曾担任弗吉尼亚州州长，但他是反对宪法的“反联邦主义者”的代表人物。根据美国宪法，所有人就职必须宣誓捍卫宪法，冯学者认为他合适入职内阁吗？还有什么人，请拉个清单！

关于政党问题。第一届总统任期中，华盛顿就因为两党之争感到头疼，已经拟定了不再连任的告别信，但是考虑到正在与法国、西班牙等国进行领土方面的外交谈判，以及国内形势不稳定，各界仍然强烈要求华盛顿继续担任一届总统，两个对立党派的创始人汉密尔顿和托马斯这时居然也联手要求华盛顿继续担任一届总统，这样华盛顿没有发表这封告别信，勉强继续担任一届总统。然而两个党派之间的分歧越来越大，华盛顿自己年事已高，对政党之争感到困顿，毅然决定必须辞任第三届，让其他人担当此职。华盛顿修改了几年前写的告别信，于大选前两个月在报纸上公布，很快转载于全国 100 多家报纸和其他媒体。这样华盛顿担任了两届总统。

“华盛顿致美国人民的告别词”已成为美国重要的历史文件，至今每年华盛顿总统诞辰那天上午参议院都指定议员朗读。在信中，华盛顿特意提到他反对政党政治，他写道，“我已经告诉过你们这个国家处于政党之争的危险中，尤其是以地区为界限来分党立派的危险。现在让我以更全面的角度，以最郑重的态度告诫你们全面警惕党派问题的恶劣影响。不幸的是，这种派性与我们的本性是不可分割的，并扎根于人类思想里最强烈的欲望之中。它以各种（即隐性和非正式的——笔者）形式存在于所有政府中，但多少还能受到抑制、控制或约束，而在显性的形式下（即公开的政党形式——笔者），派性问题特别明显且确实是政府最危险的敌人。”

三、冯先生说：“美国第一次总统选举，390 万人中，只有不到 20%的人有选举权。没有选举权的人包括女人（50%），2/5 的黑人（10%），不纳税的穷人和反对过革命的人（20%）。”

实际上，1787 年举行的联邦制宪会议就把投票资格交由各州决定。选举人口的确定在当时依据以下法律：

根据从英国普通法演变而来的州法律，妇女婚后没有财产，财产属于丈夫。因此当时人们认为由丈夫代表全家投票是恰当的。

关于黑奴，南方代表要求算人头以增加南方州的人口基数从而获得较多议席；北方要求不算，因为黑奴是市场上购买的，属于财产，应该征收财产税提高政府收入，而且算人头会虚增人口基数，不公平。最后妥协为：每个黑奴按 3/5 的人头算人口，在宪法中属于“所有其他人”。

投票权需要年满 21 岁的男性公民，但参加叛乱或其它犯罪而被剥夺权利的人除外。

至今美国宪法仍不保证是公民就必然有投票权，投票权依然由各州法律决定。例如现在，多数在外国和海外属地出生的美国公民、未在选举机构登记的、缓刑期的、假释的、在监狱服刑的以及被判重罪的美国公民，和 18 岁以下美国公民不能投票。

四、冯先生说：“华盛顿革命集团完成了从革命党向执政党的过渡，自我分裂成联邦党和反联邦党”。“这不是君主立宪，也不是民主立宪，而是典型的‘党主立宪’”。

这完全不符合历史事实。当年邦联议会授权代表们修改邦联条例，由于整个会议对外保密，当会议结果是一部美国宪法而不是邦联条例修改案的时候，整个公众社会一片惊愕！于是社会立即分裂为赞成的和反对的两大阵营，赞成者被称为联邦主义者，反对者称为反联邦主义者——不是“政党”。反联邦主义者担心一个强大的国家政府会侵害他们的个人自由及权利。汉密尔顿、麦迪逊和杰伊三位费城会议代表撰写了一系列文章向公众解释宪法，消除反联邦主义者的担忧。这些文章被统称为《联邦主义者》文集。

根据美国史料记载，在第一届政府产生以前，美国根本没有政党，不存在“党主立宪”，美国历史上第一个政党——联邦党是在 1791 年成立的，由财政部长汉密尔顿发起，主要是银行家与企业家，第二年，国务卿托马斯•杰斐逊组建了民主共和党与之抗衡。虽然华盛顿总统同情联邦党，但是他始终在两党中间保持中立。也就是说，两党成立根本不是从任何一个党分裂出来的。事实上从联邦政府刚产生，内阁的两位部长就对宪法理解发生了分歧。

五、冯先生说：“美国国父们的杰出贡献在于把权力制衡的原则（普世价值）和美国现实（美国特色）有机地统一在一起，创造了人类历史上第一部以三权分立为基础的国家机器。制宪会议代表要决定的第一个问题是总统的人数和权力，富兰克林一锤定音；争论的另一个焦点是议会的权限，代表们终于在富兰克林的另一句名言上达成共识。”

这完全是捏造。在 200 多年前的 18 世纪，全世界根本没有普世价值这个概念，更不存在与美国特色结合的问题。

而且，制宪会议争论的第一个问题是议会结构而不是总统的人数和权力。当时南卡罗来纳州的查尔斯•平克尼拿出一个方案，没有被采纳，埃德蒙••兰德夫代表弗吉尼亚州拿出麦迪逊的方案，该方案对人口众多的大州有利，人口少的州反对此方案，于是新泽西州的威廉•彼得逊拿出一个替代方案，但是大州又反对，亚历山大•汉密尔顿也拿出一个方案，由于和英国太相像而被放弃，于是在弗吉尼亚与新泽西州方案之间产生了剧烈的争论，导致会议处于停顿状态。最后不是富兰克林一锤定音而是康涅狄格州代表罗杰•谢尔曼提出合并两个方案，国会由上院（二楼）与下院（一楼）组成，上院按每州两名代表，下院按照每个州的人口比例。这就是著名的“谢尔曼大妥协”。随着这一大妥协的达成，会议也较顺利地就行政权问题达成了协议，为了避免一个机构独掌权力（像英国议会那样），美国宪法给予总统较大的权力：包括官员任命（含法官）、否决法案，三军统帅等。同时就商业也达成妥协：所有涉税法案只能由下院提出。

后记：

通过篡改美国历史而编造出来的“华盛顿革命集团”理论试图为“取消民主运动”、“归顺权势集团”、“建立‘党主立宪’的假民主宪政”等各种舆论造势，提供所需要的“历史源头”及“理论基础”。假以民运人士加美国学者身份、深谙民情的万言书尤其是加上一些“故作尖锐状的时局批判”，极容易骗取读者信任，将其鼓吹的“假民主宪政”和虚假历史当作真民主宪政和真实历史，引导读者主动放弃自由与民主的念头与行动。

冯胜平先生说“人民应该再给这个党一个机会”，如果你问“凭什么”，那么这就是他的答案：——

你们既然崇拜美国的宪政民主，那么我以 30 年“美国历史专家和美国学者身份”告诉你们：美国的民主宪政是由“华盛顿革命集团”通过结合“普世价值”与美国“特色”搞的“党主立宪”而来的，所以你们应该归顺“中共革命集团”，等他们结合“普世价值和中国特色”，搞一场“党主立宪”，之后中国就民主了，你们老实呆着，等到那一天就行。既然“华盛顿革命集团”打天下坐天下到今天，那么，如果你们要学习美国，就意味着等待“中共革命集团”，他们会听取和采纳我的“谏言”而效法“华盛顿革命集团”，你们等着就是了！

一段杜撰、捏造的美国宪政历史让人们等到的将是“中共党主”的“帝王梦”，其实就是“假宪政梦”。

附件（略）：

党内民主，以法治国：让少数人先民主起来——《致习近平先生的一封信》

4 用篡改美国历史来合法化毛泽东（反）革命集团

——回《美国历史上从未有过“华盛顿革命集团”吗？》

钟国平

惊愕于王希哲先生（下称“王”）的这篇文章，表面上看用一个又一个的有力反问来质疑与批评署名钟国平的文章《美国历史上从未有过“华盛顿革命集团” ——评冯胜平先生「致习近平先生的一封信」》，而实际上展开的却是用违反历史常识、编造历史故事以及用机械类比等逻辑错误堆砌起来的胡言乱语和泼妇骂街。现在笔者按照王的行文顺序分八点逐一解析，最后分析王先生的“集团类比法”为全文作结：

一、 王说，“没有‘华盛顿革命集团’，200 余年至今独立于英国的美国，是天上掉下来的！”

在此，笔者要请问王，何以认为“国家独立的唯一途径是必须有一个‘xxx 革命集团’？”历史上，罗马帝国时代最强盛的法兰克王国自公元六世纪起，在日耳曼人影响下，国王死后，统一的国家分成几个小的王国传给国王的儿子们；20 世纪初挪威从瑞典独立，冰岛从丹麦独立，二战以后不少国家的独立，1993 年斯洛伐克的独立，前苏联解体后独联体国家的独立，……，这些均未经历战争，没有“革命集团”。历史不是靠“反问”的文学修辞问出来的，是人类用实践写出来的。历史不能推演，因此，拜托不要跟着语文老师学历史！

二、 王说，“没有‘华盛顿革命集团’，以华盛顿为代表的那个历史上的反英革命领袖群体也就是不存在的；号称‘联邦党人’的那个集团及其文集，也就是不存在的”。

若断言，有了“华盛顿所代表的那个革命群体”，才有“联邦党人”那个集团和他们的文集，那只能说明言者的历史知识太贫乏。首先，联邦党的成立是在宪法被确认、华盛顿被选为总统以后的事，联邦党的成立比宪法出台晚 4 年的时间；其次，那个文集不叫“联邦党人”文集，因为那时没有政党，那时的文集有两套，一套叫“联邦主义者”文集，另一套叫“反联邦主义者”文集。两个观点对立的文集均由社会分化出来的两种对立观点的代表人物写的，两大阵营的代表人物都是美国国父，而制定宪法的过程中，华盛顿没有发表过意见。那么请问，这是不是意味着“华盛顿革命集团”在还没有形成时，就已经分裂成了对立的“联邦主义者”和“反联邦主义者”两大阵营了呢？既然还没有形成一个“华盛顿革命集团”，整个社会就分成了两大阵营。那么如何又说有一个“华盛顿革命集团”呢？

三、　　王接着说，“联邦党人创立和解释至今的美国宪法，也就是不存在的。”

然而历史上联邦党不仅没有创立宪法，更加没有“解释宪法”，因为 1787 年制定宪法的时候，还没有联邦党，联邦党成立于 4 年后；另外，王先生怎么连美国这样基本的“法治”常识都不知道：解释宪法的权力归属联邦最高法院首席大法官，而联邦党却是由当时的财政部长亚历山大•汉密尔顿创建，由银行家与企业家组成的，和法官与司法权力分支没有关系，所以联邦党根本就没可能“解释宪法”，作为银行家和企业家，他们也没有兴趣解释宪法，他们角逐的职位是行政分支的总统，并非首席大法官，而总统若试图解释宪法，那就是违宪，是要下台的。历史上除了第二位总统是联邦党人以外，没有任何一个总统是联邦党人，不仅如此，联邦党仅仅经过 29 年时间就解散了，请问哪里有一个政党解释宪法至今？

四、　　王认为，若没有“华盛顿革命集团”，那么“以华盛顿命名的那个美国的首都也就是不存在的，高耸入云的华盛顿纪念碑也是不存在的.....”。

凭借“以华盛顿命名的首都与以华盛顿命名的纪念碑”反过来推理出“华盛顿革命集团”的存在，这是明显的逻辑错误，因为以人名命名城市或建筑物很常见，但是并不代表被命名的人就是一个集团的领袖，命名的事物与被命名的人之间不存在这样的必然联系。历史不可以胡乱联系，更不可以用“反问式推理”给“推”出来！若要证明你的观点，请拿出历史资料与文献来。用推论或用“反问句”的修辞绝对不能显示专业知识修养，而只能显示言者的无知与缺乏逻辑思维能力。

五、　　王再次反问，“今天，被美国人尊号为‘国父们’的，不是‘华盛顿革命集团’，是什么”。

事实是：美国国父中，既有赞成联邦化的联邦主义者，也有反对联邦化的反联邦主义者。不仅在宪法尚未通过的时候形成了“观点对立和分裂”的两大阵营，甚至在费城会议的过程中就已经有三位代表因反对联邦化而退出会议。这些人也是美国国父，但也同时是反联邦主义者，他们的“反联邦主义者”文集不仅同样是美国历史上的重要文件，而且美国的《人权法案》就是因为反联邦主义者对宪法提出严重质疑以后在两年之内加上去的。因此就您所问的问题，我回答：美国国父们由“联邦主义者”和“反联邦主义者”构成，他们不属于一个“被您个人臆想出来的‘华盛顿革命集团’。”

六、　　王以“当然，打天下坐天下”，来表示对“华盛顿革命集团”的理解和对他们的“打天下坐天下的阴谋目的”表示同情。

在中国，打天下坐天下是几千年来不变的历史，它指的是“以血缘为基础”的统治权的传承方式。在王的文章中，他试图将这个原始野蛮的弱肉强食世界中发生的现象当作“普世的历史现象”强加到美国的历史中。究竟能否如王所愿，将“打天下坐天下” 变成所谓的“历史规律”强加到美国的权力传承方式上呢？当然不能，因为中美历史是根本不同的，绝不因为王对知识的不尊重而可以任意篡改和任意定性。我们通过权力的特征分析就可以明白，为什么美国的权力传承不会因为王编织一个“华盛顿革命集团”而被他“扔进‘毛泽东革命集团’的箩筐里面去”。

先说中国的历史：某个家族打了天下，那么这个国家或朝代的“皇位就由这个家族的后代继承”，这叫家天下；而在一党执政的当下，则是“政党的第一代人几乎都死了，然后第二代人接班，世世代代接下去”，这叫“党天下”。这个说法的背后就是“权力的私有化”。这种权力的私有化带给社会的是：滥权；政治不公开不透明；权力交接过程残酷而血腥。

再对比美国历史：权力来自于选民，在法律控制之下，它属于“公权力”。它带给社会的是：法律规范下的公权（即权力由“公”民选举而来，且相互制衡，否定“王即是法”）；政治公开透明，权力更替合法而平静。

再从能力上进行对比：打天下坐天下者，一般低能而跋扈（基于特权），如习近平，可以凭借一篇被学术界评价为“漏洞百出的”经济学论文，在吃马列饭的博导的“指导”下，拿到一个法学博士学位，而论文却不敢公开发表（按国内学术界规定，博士学位获得者必须有三篇公开发表的论文），这种博士只能是权力影响下得来的；比一比美国 225 年来的 44 位总统，除 7 位将军和 5 位副总统继任者外，其余的 32 位总统中，23 位为律师或法律学者；1989 年至今，除小布什为哈佛大学 MBA 外，其余为耶鲁、哈佛法学博士。即使 7 位将军中也有两位是西点军校毕业，两位为律师；5 位副总统继任总统中，4 位为律师或法律学者。

那么，中共为什么做起了表面文章？当然是要掩盖“打天下坐天下”的原始野蛮落后的权力继承方式，尤其在被文明社会包围的情况下，这是中共执政者必需的“皇帝新衣”！于是乎，居然有王这样的“民运老前辈”力图以编造美国历史来美化这种野蛮血腥的权力传承模式！也着实令人扼腕！

七、　　王说“开国连续执政的总统和‘国父’华盛顿，汉密尔顿，亚当斯们确从没正式组织过什么‘党’，他们甚至反对多党政治，坚持由他们那个集团统一执政，主张多党，和事实拉出了民主党的是华盛顿革命集团的另一派杰佛逊们……”。

遗憾的是王连基本事实都没搞明白：美国的前五位总统被尊为国父，其中，华盛顿没有组建民主党，他是唯一的无党派总统，亚当斯是唯一的联邦党总统，其余三位总统都是民主共和党成员；也就是说，除华盛顿反对政党政治之外，其余的四位要么是党派的创始人，如托马斯•杰斐逊（民主共和党），要么是组党的重要参与和组织者，如詹姆斯•麦迪逊。这四位中没有人反对多党政治，按照王的标准就是“华盛顿的遗训没人听”，那何以判断“华盛顿革命集团”延续 200 多年呢？

而王所说的“拉出了民主党的是华盛顿革命集团的另一派杰佛逊们……”根本就和历史不符：杰斐逊他们建立的是民主共和党，与民主党相差万里之遥！在国会上许多民主共和党人自称“共和党人”，因此这个党派在当时也叫“共和党”，怎么居然将：杰斐逊说成是民主党的创建人！

八、　　王说“‘学术’上说，也确实在正式的组织上从不存在什么‘联邦党’，也就不存在组织统一的‘华盛顿革命集团’……”。

在《美国历史上从未有过“华盛顿革命集团”》中，笔者说了不存在“华盛顿革命集团”，未曾说过不存在这个概念的原因是“因为不存在‘联邦党’。”笔者仅仅在陈述事实，那就是：在学术上完全没有“华盛顿革命集团”这个概念，公众之中也没有这个概念，那既然这个概念，既非公共知识，又非专业知识，笔者怎么可能探究“为什么没有这个概念”的问题呢？需要找到“为什么没有这个概念”的是王本人，因为是您而不是公众和读者提出的这个概念。换句话说，这个“因为……，因此……”的命题是您自己硬加到钟国平的文章里去的，然后您自己反驳自己的伪命题，“自导自演”或者说“自说自话”一段辩论，和原作者没有关系。

顺便谈一下为什么笔者在《美国历史上从未有过"华盛顿革命集团"》中提到"在学术上没有'华盛顿革命集团'这个概念"：1、写文章的冯先生，自称是 30 多年前就研究美国历史与宪政的学者，因此必重视学术概念；2、公认的知识的来源有两个，一个是公共知识，即被所有人中的绝大多数认同的信息，另一个是专业知识即学术知识，是被学术界一直研究与使用的信息（就是说学术上有生命力的信息）。由于"华盛顿革命集团"这个概念，既没被所有人中的绝大多数认同，因而不算公共知识；又没被学术界提及，更不用谈生命力问题了，因而不算专业知识。充其量"华盛顿革命集团"不过是一个个人的见解而已。

我们通常都知道要"尊重知识"，但这绝不是指"尊重个人见解"。将"个人见解"包装成公共知识或专业知识并试图强加给受众的行为，要么是欺骗，要么是愚蠢。

文章到最后，王终于显露了自己的意图：那就是，企图用一个现实的"毛泽东革命集团"去对应一个虚构的"华盛顿革命集团"，以便用"华盛顿革命集团对美国的专政还摆在那里"来暗示"毛泽东革命集团对中国的专政还摆在那里"是合理的。

但是，专政与民主是完全对立的政治体制——这源于学术共识和生活常识。

退一万步说，即使读者被强求接受"存在着一个的所谓华盛顿集团"的伪命题，这也绝对不能推导出王的第二个伪命题，那就是："因为'毛泽东革命集团'是专制集团，所以'华盛顿革命集团'必定也是专制集团，因此'毛泽东革命集团'的专制是可以被接受的，是合理的。"

事实上：无论王多么希望以反逻辑的方式甚至是泼妇骂街的方式去推演他鼓吹的结论，"毛泽东革命集团的专制与独裁"都是不合法的，因为毛泽东革命集团，其实是'反革命集团'，既没有在执政前经过公民立宪，也没有以公民确立的宪法为依据进行选举，更没有权力更替的和平与秩序。这些在美国 200 多年前就已经有的特征，"毛泽东（反）革命集团"一个也不具备。

王所提出的这些问题的特点，集合起来就是：反逻辑、篡改历史、编造故事、不尊重知识以及泼妇骂街的无知与蛮横，最终就是要强行让读者相信"'毛泽东（反）革命集团'的专制和独裁是合法的"。王就是以这样的方式在客观上帮助和维护了中共的专制统治，并支持了所谓的"党主立宪"。岂有此理！

附件（略）：美国历史上从未有过"华盛顿革命集团"吗？

5 是皇帝接班问题还是宪政民主问题？

——评“冯胜平先生致习近平总书记的第二封信”

钟国平

从整体内容上看，冯先生这封信完整叙述了中共主导下的“宪政民主”战略规划和宪政民主改革的路线图。在这封信中，冯劝谏习近平“主动开展以宪政民主为核心的政治改革”，而“政治改革的核心就是‘在共产党的领导下’实现宪政民主”。若将这两句话合在一起，意思很明确，就是要“打起宪政的旗帜，贯彻执行（中共）自己制定的宪法” 冯先生认为既然既得利益集团和自由派都不会支持习近平的“强国梦”，但都会支持习“搞宪政”，那么与其打压不如因势利导，用冯先生的话说“与其鞠躬谢幕，击鼓传花，把矛盾留给下一代，不如开创历史，推行宪政。”

冯先生所说的“宪政民主”是什么概念？虽然文章并未定义，但在信中已经提出来，1、“要实现宪政，当务之急是落实法律的尊严和权威”，也就是，“党可以在法之上，但它必须以法治国”，而不能“置自己规定的法律条文而不顾”。2、要实施民主就是从“党内民主选举”开始：“先在若干城市设立政治特区，做民主选举的模拟实验”，然后在即将退位的时候，“实行党内民主选举”。“在可控的情况下，由地方选出党代会代表，党代会代表选出中央委员，再由中央委员选出总书记。”另外，他还用“历史事例”引述宪政改革成功的“宝典”——可控性（也就是强权政治），就是：整个宪政改革必须由大权在握的铁腕人物主导，路径则是：“顶层设计，强制推行”。

总之，冯先生所倡导的“宪政民主”是以“强权铁腕”为前提的、由皇帝亲自领导的、党在法之上的“依法治国”和皇权交接过程中的“党内选举”。所依之法是中共自己的宪法，所指的民主是“党内民主”。皇权交接的具体步骤是：在“可控”情况下，以“党内民主”方式逐级选举“党的代表”、“中央委员”、最终选出“总书记”。换句话说，冯先生关注的并非宪政民主，而是关心在皇上稳坐龙椅十年之后，如何选择一位以“总书记”为名的非血亲的新帝，也就是十年后的新皇上接班的问题（看似特别有远见）！为了安抚大众，这种皇上接班策略以“宪政民主”的外衣出现，以避免既得利益者和自由派对皇上所提的“强国梦”的不满。

鉴于冯先生将皇帝的接班问题归为“宪政民主”问题，我希望呈请几个基本概念，以便读者真正认识宪政民主与皇帝接班之间的差别：

1、宪政民主是否能接受“党比法大”？冯先生强调中国目前“有宪法无宪政”，认为党比法大不是问题，有宪法却不遵守才是问题。然而，宪政民主的必然特征就是“人人平等、法律至上”，这个平等包括任何党派与任何个人的平等。若党大于法，那么社会就不是人人平等了，也就从定义上不属于宪政民主社会了。在美国，政府行政机构虽然为权力机构，而且通常为执政党指挥，加上非常有钱，但是在法律面前，它的地位与被它起诉的哪怕是一个非法移民的地位都是相同的。这是因为宪政民主社会不接受人人不平等，当然也更不接受“党比法大”，否则执政党将因为违宪而下台。

2、什么是法制？在中国大陆，说简单和通俗一点，就是：“刀”下之治。冯先生所谈的“依法治国”实际上是法制而不是法治，其渊源最早来自古代法家思想：统治者先设定一个法律，他自己不受该法律的制约，但其他人都必须遵守该法律，然而在一个管理失控、腐败堕落的皇权专制体制下，原本为皇上不受法律制约的律条演变成整个权力阶层均不受法律制约的实际操作。于是历史上有强势官员在皇上的撑腰下，对朝廷进行整肃（改革），于是“改革”几乎成为“进步”的代名词，这就是冯先生所形容的“法律的尊严和权威”，但是以悲剧告终的“改革者”为多，例如商鞅变法以自己被五马分尸而处死。不过冯并未提及强权推行法制者多以失败告终的事实。

3、遵守法律是否等同于“法治”？冯先生描述 “中国人重情，美国人讲法；中国人办事托关系，美国人有事找律师”。冯先生认为这“体现了两种不同的生活方式，也由此衍生出两种不同的政治制度——人治和法治。”但这不是人治与法治的差别，而是不同社会在日常生活中的法律执行层面的问题，也就是“法制”的问题。那么，真正意义上的法治与人治的区别是什么？法治是“法律为王，一切个人、党派、机构、权力拥有者，一律处于法律之下，任何个人和机构不得置于法律之上”。人治是什么？简单说，就是“王就是法律”！详细说，就是法律服从于统治者的意志，也就是以“法制”为工具的“帝王高于一切（含法律）”的体制。所以，所谓遵守法律是法制的问题，不是法治的问题。

4、强权是通向民主宪政的必由之路吗？冯先生说“掌控权力是改革成功的前提”，“历史上凡成功改革，如俾斯麦、彼得大帝和蒋经国的改革，无一不是大权在握的铁腕人物”。从历史背景看，彼得大帝是 18 世纪的人物，那个时候即使非改革者也照样得强势，否则会被赶下台去性命难保，然而在那个时代，即使强权人物也照样有改革的失败者，如拿破仑；俾斯麦为 19 世纪的人物，虽然号称“铁血”首相，但是在他之上的国王才是真正拥有实权的国家元首，他晚年就因为与新国王不合而被迫辞职，结局虽然不像商鞅变法，但也是以改革失败而告终，而且他的改革并不与民主宪政有关。只有蒋经国的例子与民主宪政有关，然而蒋经国改革在 1987 年末，当时台湾处于国际孤立地位，且世界格局正发生巨大改变，从 1980 年起，许多国家开始走向民主化，根据 Cheibub, Gandhi, and Vreeland （2010）的统计，二战刚结束时，民主国家有 34 个，1980 年民主国家已上升到 54 个，并从此进入民主转型高峰，到 1988 年台湾民主化的时候，民主国家已经达到 66 个，而 2008 年民主国家已经达到 118 个。这就是蒋经国民主转型的国际背景。台湾利用民主化打破被大陆孤立，以解决台湾在国际上丧失合法地位的问题。也就是说，台湾的转型成功的根本原因不是因为蒋经国的强权，而是因为国际和国内形势的综合条件促成的，他转型时已经要去世了，根本不存在强权问题。

5、最后必须提到一点，关于作者谈到的顺民、刁民和暴民的“三民主义”问题，这是站在专制极权位置和立场上对人民的极大的侮辱和蔑视。事实上是，在历史的任何时候，人民都是人民，但人民的地位不同，例如在专制集权时代，人民实际上是一个让人民本身感到羞辱的词汇，然而在民主宪政时代，人民是一个让每个人感到骄傲的词汇，正如美国政府自称“我们人民”而不是“我们政府”。任何一个真正主张宪政民主的人都绝对不会以如此轻蔑的口吻称呼自己，这样称呼人民只能说明作者自己将自己置于“人民”这个阶层之外，或者说，将自己置于皇上的“谋士”或更加重要的位置上。然而请作者记住：在皇上心里，一切他治下的人，都是他的私有财产，不是人！

参考文献：

Cheibub, José Antonio; Gandhi, Jennifer and Vreeland, James Raymond. （2010）. “Democracy and Dictatorship Revisited.” Public Choice, vol. 143, no. 2-1, pp. 67-101.

附件（略）：
冯胜平致习近平先生的第二封信

6 裸奔的冯胜平《致习近平先生的第三封信》

——评冯胜平的“党主立宪”即“行中国《1982 宪法》”

钟国平

冯胜平先生（下称“冯”）近日再次以“万言书”向习近平表忠心：“宪政之路”就是实行“六十条”（即中共习近平的三中全会《决定》）；“宪政就是严格按照《82 宪法》治国”。这次冯非常直接，他说：中国的“立宪，只可能是‘党主立宪’，……，行的是中国‘1982 宪法’。”不仅如此，冯还以最直白的方式攻击“民主”，他说，“民主不能结束专制；它往往只是专制的另一种形式。在古典政治学意义上，民主是最坏的一种政治制度。亚理士多德视民主为暴民政治，成为两千年西方政治学主流。”在光天化日之下，冯又生造谎言了：首先，冯所说的“宪政”就是执行某一部宪法，但即使在亚里士多德的时代，宪政也没有如此简单。而亚里士多德的著作中根本没有说“民主是最坏的一种政治制度”！更何况我们凭借常识也能知道“民主就是暴民政治”的所谓理论根本不会是西方政治学的主流，西方政治学主流是建立在社会契约理论基础上的宪政民主，与暴民政治有着天壤之别。

2013 年 2 月冯公开发表的第一封信与第二封信里，我们还能看到披着民主宪政外衣的假“宪政”和假“民主”，而这封信直接丢掉外衣裸奔了。有兴趣的读者可以随笔者回顾一下这两封信：在第一封信中，冯主张《党内民主，以法治国：让少数人先民主起来》，这个时候虽然冯通过编造一个“华盛顿革命集团”来提出“党主立宪”的假宪政，他解释说中共可以“效仿”，即以习近平为核心，搞中共“党主立宪”，但他仍试图承认假宪政的目标是：“从一党为大的党内民主出发”，达成全社会的民主。冯的第二封信也在字面上尚未将民主当作洪水猛兽加以否定和攻击。冯提议通过逐级选举“党的代表”、“中央委员”、最终选出“总书记”的方法搞所谓的“党内民主”，以求皇权交接过程的平稳性，使得红一代、红二代、……红世世代代维持红色江山。

那么，冯何以能够公开地攻击民主、推销假宪政的呢？

这次，冯又玩上了假学术。他说：亚里士多德的《政府论》谈到共和制异化后变成民主制，这是“多數人的专制（TYRANY OF THE MAJORITY）。”并举苏格拉底的例子说“民主就是暴民政治”。

然而，这一小段话就有六处之多的谎言陷阱：

1）《政府论》不是亚里士多德写的，而是英国哲学家约翰•洛克写的，这篇文章倡导的就是主权在民的民主社会。文章说，政府的合法性建立在与人民订立的社会契约而不是神或家族的权威基础之上，政府若违反社会契约或不建立社会契约，人民就有权推翻它。该民主思想深深地影响了美国和法国的大革命。

2）亚里士多德写的是《政治学》。真实的内容是：它将那个时代存在的政治制度分为三大类，这三大类中，运作成功的政治制度以位于今突尼斯的君主制、位于斯巴达的贵族制和位于雅典的宪政制为代表。与这些同类但已经被异化了的政治制度分别为：暴君制、寡头制与民主制。《政治学》第四卷指出：在运作不成功的制度中，民主制是对社会伤害最轻的一种”！[i]亚里士多德提出：所有六种形式中，宪政制是最好的制度。他评价制度好坏的标准是：好的制度维护所有人的利益，而坏的制度仅维护一部分人的利益。

3）冯再次通过移花接木推出一个似是而非的概念叫“多数人的专制（TYRANY OF THE MAJORITY）”。其标准术语是“多数人暴政”，英文拼写为“Tyranny of the Majority”（冯再次拼写错误）。“多数人暴政”（或冯所说的“暴民政治”）并非由亚里士多德在两千年前提出，而是由美国的约翰•亚当斯（Adams, J. 1788）首次提出。亚历克斯•德•托克维尔（Tocqueville, A. d,1835）出版的著作《论美国的民主》引用了该术语，并被广泛接受；约翰•斯图尔特•米尔（Mill, J. S,1859）发表的《论自由》又引述了托克维尔的这个术语，使之真正流行起来。

4）苏格拉底的例子并不能印证“民主是暴民政治”。他的被处死尽管让后人遗憾，但是柏拉图在著名的作品《对话》中说，苏格拉底拒绝逃离监狱避免一死，因为他认为就算他被不公正地定罪与判刑，但作为一个公民，他要留在雅典以维护法律的权威，因审判与判决符合法律程序[ii]。从亚里士多德那个年代来看，这样一个个案的审判不影响对一个政治制度的定性。

5）现代意义上的民主制度，其目标就是以法律为基础维护全体公民的权利与利益，如果不考虑所有人生而平等这个条件的话，这与亚里士多德谈所的六种制度中最好的“宪政制度”有某种相通性。在今天，一旦这种制度异化为亚里士多德所说的“民主制度”的时候，它便成为当今社会中一部分人维护自己利益的工具。那么即使当权者号称执行的是“宪政或民主制度”，它在本质上就是约翰•亚当斯所说的“多数人暴政”。冯借助亚里士多德的《政治学》中的民主制来否定现代意义上的宪政民主制度，继而混淆今天的真民主制度与披着民主制度外衣的多数人暴政这两个概念之间的差别。

6）从另一角度看，现代意义上的民主制度与亚里士多德时代的最好的制度“宪政制”仍然有差别：亚里士多德认为宪政制只适合“有财产的男性自由人”。他在《政治学》中说，奴隶要么是天生的，要么由统治者（君主或议会等）按照法律剥夺自由而成为奴隶的，因此对他们要专横；对儿童要有权威；对妻子要像政客一样，只不过不是轮流执政。[iii]而现代意义上的民主制度认为人一律生而平等，不分民族、种族、地位、性别、财富，而且任何人或政府都不可剥夺这种平等的权利。为保障所有人的平等权利，避免以假“宪政”为借口、以伪法律为工具打击少数人，现代民主社会建立了以社会契约为基础的宪政民主体系，它是宪政民主制度。

冯举出历史上几个例子来攻击现代意义上的民主制度，说这些例子证明（现代意义上的）民主制度就是多数人暴政。且不谈时间错位导致历史上的制度与现代民主制度完全是两种制度的问题，即使今天看这些例子，也不能证明这些历史悲剧是当年的民主制度引起的。而今天所谈的多数人暴政，那些执政者却总是在表面上披着民主的外衣，故意让人混淆民主与多数人暴政的概念。实际上，多数人暴政所保护的“多数人”，不是真正的多数人，而是披上民主外衣的“以多数票为依据”的假多数[iv]，它实际上以法律甚至宪法的名义威胁少数人、剥夺体制外的人[v]的平等权利。例如在信仰方面，权力机构以多数“票”为由，将马列主义、爱国主义确立为官方信仰，从而以“合法”的外衣排挤少数[vi]及打击体制外不服从的平民，指控他们为异端、邪教或反马列主义者、损害国家利益的卖国者，强行改造宗教教规、强拆教堂、甚至逮捕入狱。

就冯所谈的法国大革命的例子来看，那是刚形成的君主立宪制度因为议会的无能与低效而遭到毁坏，那以后开始了几十年的政治动荡；纳粹德国则是在民主制度被希特勒操纵而遭到毁坏后，转变成暴政的历史悲剧；中国文革是毛泽东为了保住皇位自毁法律造成的制度性失败，但在法律被毁之前，毛政权也不是民主政权，所以根本谈不上民主制度被毁坏的问题。总之，这些国家的悲剧都发生在没有民主制度或民主制度遭到毁坏的时候，因此并非民主体制本身的特征，而胡乱地把“屎盆子”扣在民主制度的头上，恰恰只能说明真正的民主制度而不是披上民主制度外衣的“多数人暴政”是多么的重要。冯将多数人暴政定性为现代民主制度的特征加以攻击，这是完全的谎言。

下面看看现代民主制度如何针对多数人暴政的问题进行防范，以此说明多数人暴政并非现代民主制度的特征：首次对多数人暴政问题采取防范措施的历史事件是美国 1787 年的费城制宪会议。制宪代表们就议会模式和结构问题发生异常剧烈的争论甚至使会议陷入多日停顿。这是因为如果按照人口比例表决，那么人口多的州有可能损害到人口少的州的利益。然而如果按照每州票数相等的原则来投票，那么人口少的州就会压制人口多的州的意见。也就是说，任何一种方案都可能导致多数人暴政。最终代表们终于达成以下协议来应对可能发生的问题：1）给少数派以否决权（设置两个并行的议会，一个以人口做基数的众议院，一个按每州两票的参议院，任何法案若在任何一个议会遭否决，就不能成为法律）；2）将立法、司法及执法（行政）权力分开，使之相互独立，以防止滥权；3）赋予总统否决权与最高法院首席大法官对法律的复核权及解释权；4）将权利法案以最高权威的内容写入宪法，禁止一切其他条文或法律与之冲突。这就是现代民主制度的产生过程。

再看冯如何在第三封信中推销他的假宪政：对于“宪政就是严格执行 1982 宪法”的这个观点，他不论述其合理性与合法性，而是直接跳到结论：实施“1982 宪法”就是宪政。为什么省掉论证过程？因为这种说法没有任何理论依据或现实根据（他举的例子都是错误的），没有道理的东西，谁也无法论证。那么他怎样博得读者信任呢？就是再次利用闪耀着“学者”光环的派头，以“直言各种危机和社会弊病”的“胆量”，去分析“执行 1982 宪法的重要性和必要性”。他说：强势反腐使得既得利益集团失去安全感，于是在贪婪与恐惧的双重刺激下，强烈希望有一部法律以能保证他们的安全，用冯的话说，这是实施 1982 宪法的“现实基础”。这封信不再提“人民应该再给党一个机会”了，不再需要看人民的力量和听人民的声音了，他甚至说，“除了平等，国人对自由也有一种先天的恐惧”，还说国人“三日无君而惶惶然”。这也就是说经过一年半的时间以后，冯开始认为国人是实施“宪政”的障碍了，换句话理解，那等于是说，只有既得利益集团才是实施 1982 宪法的关键的支持力量，而且既得利益集团对习近平实施宪政的支持才是至关重要的。

然而无论可行性分析是否成立，它都不能替代回答“为什么实施 1982 年宪法就是宪政”这样一个问题，更不能以此来论证“实施 1982 宪法就是实施宪政”。他之所以用偷梁换柱的方法顾左右而言他，回避论述他自己提出的命题，是因为，无论从公共知识还是专业知识角度[vii]，他对宪政的定义与内涵的解释都违背了“宪政”的真实定义与内涵，他说的宪法根本不是宪法，而是伪宪法；他说的宪政根本不是宪政，而是“暴君专政”。然而从客观效果来看，他貌似在用歪曲和生造的方法使读者接受他说的内容，误认为他的论述不是谎言而是来自于公共知识和专业知识。

除上述问题外，笔者还要澄清冯关于“英国三百年前”的那场历史事件的扭曲。冯说“通过宪政，英国贵族放弃一部分公权，保留一部分特权，换取了财产和人身的安全”。冯指的显然是 1688 年发生在英国的光荣革命，然而所引述的这段历史却是又一次篡改、虚构历史故事，他将之套用于中国现状之上，手法上与冯的第一封信如出一辙，那封信制造一个不存在的“华盛顿革命集团”，然后套用在“毛泽东（反）革命集团”上。真实的光荣革命起因于英国国王詹姆斯二世。他因信仰罗马天主教而严酷迫害清教徒，并颁布信仰自由的法令要求英国议会废除因为信仰而拒绝罗马天主教信徒担任政府公职的法令，同时国王还因亲法国并损害了英国在贸易中的利益，这些引起贵族们不满，此时，清教徒玛丽二世的王储地位因为詹姆斯二世得子而化为泡影，于是贵族们请玛丽二世与他的荷兰丈夫威廉三世国王回英国统治，最后政变成功，詹姆斯二世终身流亡法国。1689 年，威廉三世与玛丽二世签署了议会拟定的“权利法案”，联合登基成为英国的新国君，英国从此成为君主立宪制国家。在这段历史中，放弃权力换取安全的是英国王室而不是英国贵族，英国君主从此失去绝对权力，议会从此掌握英国政权。

限于篇幅，笔者最后简单解释作为公共知识和专业知识的“宪政”的概念，以便读者根据真正的宪政知识自行判断“行 1982 中国宪法”是否是宪政，以及中国现政权是否具备合法性：

谈到宪法，就必须提到前面所说的英国哲学家约翰•洛克的《政府论》。这是一篇关于社会契约的理论。洛克明确反对君权神授，主张生命、自由、财产是人类不可剥夺的天赋人权。他认为，在自然状态下人是完全自由的，但是在没有约束的情况下，强者可以自由地侵犯弱者，如劫掠，强奸，谋杀等，因此，人们需要选出一个社会管理的代理机构，这就是政府，社会中的自然人就是公民。政府的使命是保护每个个人的权利、并使其他人的同等权利得到尊重。然而政府只有得到人民的同意和授权才是合法。如此，宪法成为政府与公民之间订立的社会契约。由于社会契约的目的是为了人民的福祉，因此，对于法律或政治结构中出现的失误，公民可以通过选举或其他手段，甚至暴力来改变它。这个社会契约理论极大地鼓励了美国及法国的大革命，同时为英国的光荣革命做了强有力的辩护。美国的《独立宣言》、法国的《人权及公民政治权利宣言》都是以这个理论为基础形成的。美国是人类历史上第一个制定以维护每个公民自由与权利为目地的宪法的国家，而在此基础上形成的政府和各种其他法律制度，就是宪政。我们可以看到现代意义上的宪政与亚里士多德描述的宪政是完全不同的。而这种宪政与冯描述的“严格执行 1982 中国宪法”就相距更远了。正如冯在他的信中所说，1982 宪法，不仅有四个坚持这样的剥夺公民自由权利的最高条款或基础条款，而且他直言：“在‘82 宪法’中，没有三权分立，没有司法独立，没有军队国家化，也没有最高领导人的民主选举。”因此，冯以“执行 82 宪法可以使得中共政权很安全”为理由“力荐”习政权执行“82 宪法”，他说“学美国的三权分立，中国学不起。一定要学，只能是天下大乱”。也就是说，他谈的宪政不是宪政，而是保证中共政府不倒台的统治中国人民的策略。他还振振有词地说“美国没有照搬英国大宪章，因此中国也不必照搬美国”，以此来支持他自己所说的“党主立宪”。

写到此，相信读者能够自己判断：中共政府有没有与公民订立过约翰•洛克所描述的社会契约？65 年来中共所执掌的权力可曾得到过以社会契约理论为基础的公民授权？中共政权可曾维护过公民的自由与权利？…… 在此笔者想对冯先生说：如果您建议不要搞现代意义上的宪政，因为害怕和担心中共失去政权的话，您可以用最直接的方式说出来，何必以攻击民主的方式来为“专制极权统治”披上宪政的外衣？何必枉言“国人对自由与平等有着先天的恐惧”？何必为了维护中共专制极权统治而说“中国不能学习美国的三权分立”？

最后作为总结，笔者要告诉冯“学者”：中国人不需要一个虚假的“党主立宪”，而需要一个您从来不会提起的“公民立宪”。您说美国是所谓的“华盛顿革命集团”制定的宪法，那么，笔者凭借真正的而不是假冒的专业知识告诉您：美国是人类历史上第一个以“公民立宪”而不是“党主立宪”建立政权的国家！中国也会如此，这是历史的发展趋势，它或许来得很迟，但是一定能够到来，由不得为了维持政权而不择手段的您或中共来阻挡。

参考文献：

Adams, John (1788). A Defence of the Constitutions of Government of the United States of America, Vol. 3 (London: 1788), p. 291

Mill, John Stuart (1859). On Liberty (2 ed.). John W.Parker & Son., (London:1859), p6

Tocqueville, Alexis de (1835). De la démocratie en Amérique (Democracy in America, English translation printed at New York, 1838.), Vol. 1, Saunders and Otley, (London:1835)

注释：

[i]英文原意：When perverted, a Polity becomes a Democracy, the least harmful derivative government.

[ii] 在此解释一下雅典的法律程序：雅典判案的法律程序是：由 500 人组成陪审团，公诉方与被告各自向 500 人的陪审团进行演讲，为自己的立场做申辩与辩护，然后由陪审团决定被告是否有罪。然后陪审团再决定对判定有罪的人实施什么样的处罚。苏格拉底做了辩护，但不成功，后陪审团在罚款与处死刑之间进行表决，最后决定处死。学术界认为，苏格拉底被处死是因为他不相信神，而雅典城邦当时供奉女神雅典娜为城邦的护佑神，而战败的雅典人认为就是苏格拉底的教育使年轻人背离了他们的信仰，使雅典遭遇厄运。

[iii] 英文原意：Rule over the slaves is despotic, rule over children kingly, and rule over one's wife political (except there is no rotation in office).

[iv]这里的多数指投票时的多数，它以全部投票人而非全社会的总人口为基数，如中国 13 亿人并非计算多数的基数，而 3 千多有投票权的人大代表才是计算多数的基数，由于这 3 千多人不代表普通平民，所以平民的利益成为这个所谓的“民主体制”外的利益。

[v] 少数人指的是有表决权的代表及其所代表的部分人（在中国，人怕站错队，就是基于对所谓的民主政权的淫威的恐惧）；还有一群人被排斥在“民主体制”之外，其利益没有任何人代表，他们是“沉默的大多数”。他们的名义总是被“有表决权的大多数”利用，声称自己代表这群人，这就是“绑架民意”。

[vi] 这里的少数就是在有投票权的群体中持反对意见的人，由于制度对少数的排斥，人大会议总是以绝大多数赞成票甚至全票通过，在假民主体制中，从众心理就是因为个人安全得不到保障而产生的社会心理问题。

[vii] 公共知识指一般社会中所有人或绝大多数人共同认可的某些不涉及某个具体专业学科的大众化认知，它属于全社会的共同认知，无需作任何学术引用；专业知识为从事具体学科专业的，在学

术圈里得到广泛认可的学术研究成果，这类成果的复述需要严格与规范的学术引用，否则被视为“抄袭”。

附件：

党主立宪：政治走出丛林，军队退出政治——致习近平先生的第三封信

7 对抗联邦政府不必然是违法或起义

——根据威廉•杰斯勃“联邦与西部的对抗”及系列报道

撰稿人：中国公民修宪运动

最近内华达州牧场主与联邦土地管理局发生武装对峙的故事在网络上传播。此事件背景复杂，然而可以确定的是：对抗美国联邦行政部门不是“起义”，而是个人与联邦之间因私人财产权及联邦土地管理权之争而爆发的武装对峙。在中国人看来，违抗最高政府的命令且用武力对抗自然等同于造反或起义，违抗最高机构且武力对峙就是翻天、就是造反。但美国不是一个中央集权国家，美国宪法规定：联邦政府权限之外的一切权力归州与人民。因此，联邦政府地位虽高，却不是地方州的上级机构，联邦的指令也并非圣旨，地方以及个人都不会将执行“上级命令”视为“天职”。

下面看看美国司法、地方政府和普通个人是如何维护美国宪法保护个人权利的：

事件的渊源可追溯到美国建国成立联邦政府的 1783 年。当时美国只有东部 13 个州，西部还没有纳入美国联邦，许多地方没有开发所以无人居住。那时有些州就宣称对西部拥有所有权，但是另外一些没有宣称所有权的州知道，如此将使自己的州处于不利地位，因此反对这种提议。1784 年弗吉尼亚州通过了“土地转让法案”，该法案规定，未开发土地由开发者和新建州所有。托马斯•杰斐逊明确表示联邦政府不会永久拥有土地或将未开发土地转为联邦所有。最终各州同意西部土地由联邦托管，直到有人去西部开发，土地将归由开发者和新加入的州（这个法律最终使得谁开发谁拥有成为西部大开发的重要动力）。

1828 年，当时的西部州（六个）联合上诉要求联邦政府兑现执行新州加盟法案和土地转让法案，将公共土地正式转给地方州所有。1845 年，美国联邦最高法院判决西部州胜诉。问题的复杂性就此开始：虽然土地是州的，但是管辖权仍然归联邦。联邦对西部州的大量土地拥有管辖权，在内华达州，联邦实际控制了 93%的土地，是全国土地控制份额最高的一个州。这影响到西部州的税收与公共教育事业（联邦管辖的土地不向州缴纳教育税），最终导致这些州的发展受影响。

1866 年，美国联邦政府通过矿业开发法案（修正案：2477），允许私人在联邦管辖的土地上开发道路。随着 1964 年野生动物保护法案和联邦土地管理政策及管理法案，联邦建立了土地管理局和美国森林服务局。联邦为保护濒危动物而试图关闭道路与牧场。冲突由此开始，而且一直伴随着牧场主与联邦政府之间发生的武装对峙或冲突。

上世纪 70 年代到 80 年代为民间反叛潮第一阶段，以著名的农场主学者韦恩•海奇就土地使用权方面赢得决定性的官司为终结，然而这个官司直到 2013 年 5 月才最终结案。上世纪 80 年代到 90 年代为民间反叛潮第二阶段，当年著名的案例是卡佛牧场主，他不顾联邦警察的反对，集结乡亲与警察发生武力对抗，其景象与二十年后的今天邦迪与警察对峙局面几乎一样。最终卡佛牧场主于 1994 年独立日那天成功地开启了一条原本被联邦关闭的一条路。卡夫牧场主还将联邦告上了法庭。现在可称为第三阶段，虽然已通过法律将联邦的管理权在 2014 年年底交回给地方州，但冲突并未终止。最典型的案例就是内华达州邦迪牧场主与联邦土地管理局之间的武力对峙。所有这些冲突最终都将通过法院裁决而告终。

但这样的官司通常是旷日持久的：始于上世纪 70 年代到 80 年代的财产权纠纷案，“美国”诉 “海奇”案，联邦败诉，之后联邦上诉，结果联邦地区法庭首席法官以 104 页的终审判决令判决联邦政府败诉，并赔偿农场主学者韦恩•海奇 400 万美金。首席法官在判决书中说：联邦政府及政府工作人员在上世纪 70 年代至 80 年代期间蓄意合谋剥夺当事人韦恩•海奇的放牧权与其他已有的财产权，已构成犯罪，本法官出于维护公众利益，必须做出此判决，令联邦政府停止他们的违法行为。

在海奇案过程中，联邦不仅仅与海奇一家发生冲突，与当地州的县法官同样有冲突，因为当地县法官尽职维护农场主的合法权利。县法官认为联邦警察未经法官审案没有法官令许可的情况下，擅自没收牛群执行当事人的私有财产（牧场是财产）违反了宪法。从他的陈述中，我们可以看到一个大致脉络：县法院并不会因为指令来自联邦政府而顺从，相反他们坚决维护利益被联邦政府侵害的个人的权利。县法官说：我们代表人民维护宪法，我们不是某个上级指派为上级效力的，我们与联邦官员一样都是向美国宪法宣誓入职。以下是县法官的精彩发言片段：

上图：联邦政府威胁说要用武力对付县法院以便他们非法没收牛群。

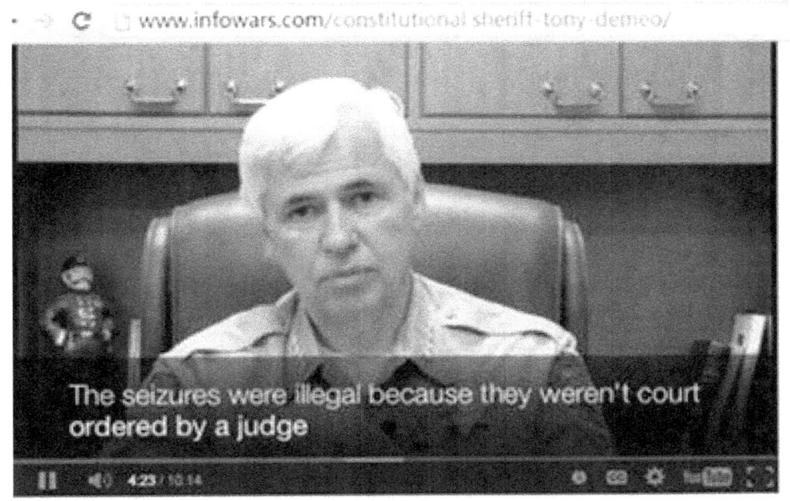

上图：但是没收是非法的，因为他们没有法官令。

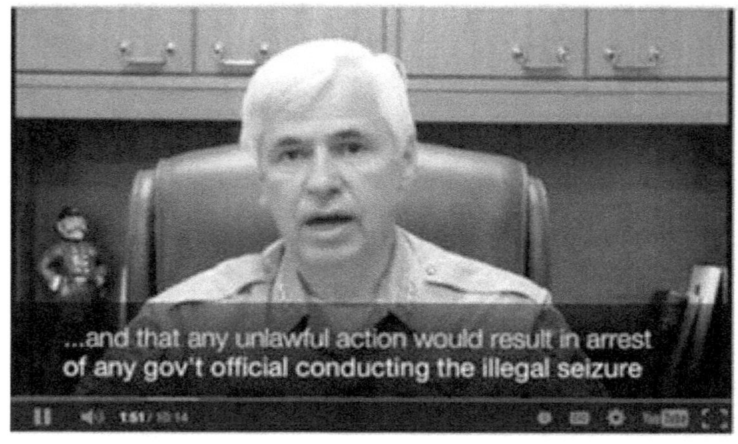

上图：（县法官宣布：）任何非法行为将可能导致任何参与非法没收行动的政府工作人员的被捕。

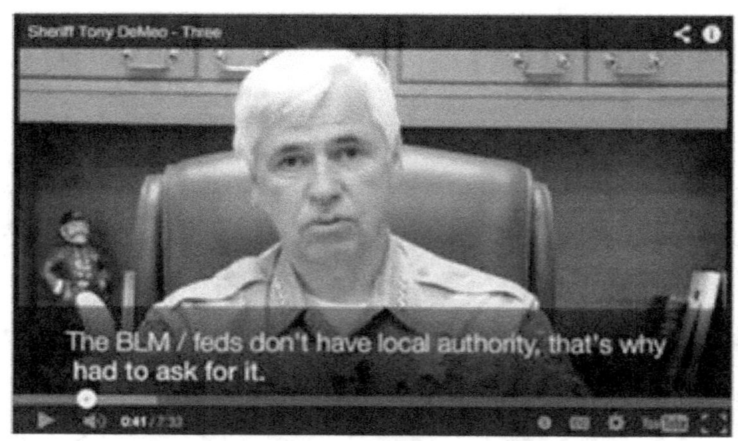

上图：联邦土地管理局没有当地执法权，所以他们向联邦上级机构申请该权力（没有得到批准）

上图：联邦土地管理局希望得到在本县行使完全的权力，但由于我们认定它是非法的，所以我们县拒绝了他们的要求。

二图：“不合法的指令可以被拒绝”

上图：法院一审判韦恩海奇获赔 400 万美元，联邦目前正在上诉。

关于武装冲突：美国宪法规定公民有持枪权，在保护自己财产不受入侵时，公民可以持枪击毙入侵者（无论他是谁）。另外，只要子弹小于某个规定的口径，公民可以在自己家存储子弹。因此，联邦官员入侵私家牧场而遭到武装对峙，不是违法的，只有当联邦官员持有法院的判决令之后去执行私人财产，才具有法定的强制性。而在法院判决前，土地管理权哪怕归由政府，作为私人的所有权者仍然可以依照法律捍卫自己的权利，包括武装对峙与冲突。

关于为什么联邦警察会动用直升飞机，我想大家或许不知道地广人稀的概念是什么。当年海奇案件虽然是海奇一家人与联邦政府之间的对抗，但是海奇并非我们想象中的“农民”，他家的牧场是 7000 公顷，养了 2000 头牛。对于这样大的牧场，最有效的方式就是用直升机找到牧群，然后将牧群没收，而不是直接用卡车。

关于新闻报道的问题：美国是一个新闻自由的国家，新闻机构按照自己的判断来决定报道或不报道什么。新闻不是政府喉舌，所以不存在新闻机构有“义务”或“责任”必须报道某个“自己认为是”非常重要的事件。新闻机构的行为与政府行为无关，与法律公正也无关。可能的解释是：国际主流媒体往往是国际性的，对于当地人口稀少的地方案件，尤其是需要大篇幅介绍背景的案件，这些新闻机构可能倾向于不报道，因为读者偏少但篇幅过长。

总之，美国人从来不会相信任何级别的政府部门天然地具有合法性，不会认为官员的指令必须服从否则即是造反，相反，美国人的公民义务是保护宪法不被政府行为所侵犯。美国法官从来不会因为政府有钱或行政指令而向着政府，否则就是法官违宪。就此，与联邦对抗不表示违法或起义，只有法律判决才代表法律公正，即使联邦搞恶人先告状也不会占得先机；同时，联邦官员在地方州违法也照样会进监狱，总统也不可干预法官判决，哪怕是地方法庭的判决。

附件：
美国内华达民兵起义，华人媒体集体沉默

8 评曹思源先生关于公民修宪的思考

修宪

（注：2014 年 6 月 23 日曹思源先生发表著作《谈公民参与推动修宪的可能性与必要性》，并邀请点评，此文应曹先生的邀请而作。）

请允许我先谈论总体思路，然后再评述曹先生的观点：

一个国家的建立基本就依赖法治了，就是英文的 rule of law (意思就是按照法律来统治)，法治否定了皇帝国王治国，也就是中共所谓的人治（rule of emperor, king or human）。因此，任何国家要么就是法治社会，要么就是人治社会，没有二者兼有的类型。那么如何让法律统治一切呢？最根本的就在于法律本身，它必须触及到社会的各个方面，不仅是公共生活，还包括家庭生活，只有这样才可以保证“每个个人的权利”得到保障。而中国的法律明显是不管家庭生活的，而公共生活方面的思路也就是人治的思路（人治并不表示没有法律，而只表示统治者高于法律或超越法律）。

一个法治社会的法律体系由最高法（宪法）和其他法律组成。由于各自的重要的和不可替代的法律地位，宪法和其他每部法律的内容都是有相关的内容限定的。在此只谈论宪法：

宪法的作用是限制权力边界的，所谓限制权力边界意思就是专门谈论权力的产生、变更及职能，而不谈论其他。这与中国人的朴素的法律观念不同，中国人或许认为宪法必须包罗万象，又是回顾历史啦，又是谈论经济啦，又是提出什么思想口号啦，实际上等于是将宪法替代了其他法律，或者说宪法入侵其他法律应该履行的职责。

以美国宪法为例，序言谈论的是：宪法建立的目的，而这个目的非常明确，不是用口号堆砌起来的，它谈到的目的是“建立司法公正（国内翻译为正义，这是不对的，司法公正与正义是不同的概念）、国内安宁、联邦国防、提升全民福利、以及确保我们及后人永久拥有上帝赐予的自由（这里中文翻译有问题，可能是希望回避上帝的概念，但天赋人权就是指自由是上帝赐予的）。任何历史回顾都没有，尽管美国建国历史那么值得人类骄傲，为什么？因为宪法不允许立任何价值观和思想为主导，这是人治社会的东西。

在序言之后，实际上的核心内容就前三条——立法、行政、司法。这三大权力如何形成、如何互相联系以及如何运作，以宪法的形式规定下来，于是三权分立了。宪法就是来规范权力的，使权力的产生、更替有具体法律来遵守。而权力的边界也非常清晰：根据宪法，只有宪法中规定的权力，政府必须执行，而一切未规定的权力一律归归联邦州及个人（也就是说，宪法规定联邦州及个人不得如何那么联邦州及个人不得做，而其他一切都是联邦州及个人的自由）。根据这一条，经济如何运作，由各联邦州和人民来决定，宪法无权说三道四。在这部分之后，为了确保人民的自由享受最高地位，既不受宪法其他条款制约，也不受其他法律制约（所谓制约就是指以立法形式使得政府得以行政审批的形式剥夺人民的自由），在宪法通过后两年，即 1791 年增加了“权利法案”。

以此为基础，我来评述曹先生的论述：

1、 我们呼吁修宪是因为我们需要建立法治社会，改变目前的人治社会的野蛮落后状态；而不是因为改革。我不认可改革，因为这是当年邓小平在中共完全丧失能力就要破产的时候说的好听话，否则那时恐怕中共就倒闭下台了。

2、 我不认可曹先生谈论的所谓进步，因为经济问题不得由宪法掺和，宪法的唯一目的就是限制一个国家的最高权力及其边界的，而经济是行政权的内容，例如美国每届总统上台，根据当时经济状况会有自己的经济政策，并随之进行相关的必要的立法，若宪法谈论这些，等于是侵犯了总统的行政权。谈及公民私有权及人权，光是入宪是没有用的，宪法以各种“公民义务”之类的法律条文剥夺了公民的自由。自由是上帝赐予的，不剥夺的唯一方法就是免去任何的所谓“必须先尽义务方可享受自由”的恶法条款，必须完全剔除以“行政审批权”来限制公民自由。而中共的宪法已经违背了这些原则，等于是以立宪的名义剥夺了公民自由。

3、 最后关于需要努力的方面，我认为，这些内容写得倒是没错，但是比较散，看不出系统的思路，就是如何从立宪和立法的角度来看待中国的权力无限膨胀的问题。例如，以立宪名义确立专政和一党统治本身就是对“宪法”这个概念的侮辱，宪法是不能确立任何思想与任何体制的，否则就是剥夺了公民的思想自由和公民的自决权（宪法的唯一功能是规范权力、限定权力边界，决不能钦定任何思想意识形态和政治体制）。如历史上英国在撒切尔夫人上任前经历了 20 多年的工党执政，工党的思想基本上就是马克思的思想，当时社会就是以国有企业为主，私人连房产都没有，然而最后民意决定这样的政党必须下台，撒切尔夫人上台后即开始搞私有化改革。这些既是经济上的也是政治体制上的。这些不能由宪法来规定。关于宪法是否要禁止向非武装平民开枪问题，我想说，人权被宪法确认以后，很多具体的事情就不用说了。美国权利法案在这一点上做得非常好。5-7 条谈论的是宪法的内容，但是只有对程序的主张，而没有程序本身，这样照样会导致旧酒换新坛的问题（中共就是利用一切的新的文明形式行原始野蛮的统治的）。第 8 点仅仅是一个口号，没有实际作用。

以上仅为观点交流。谢谢。

附件：

曹思源：修改宪法、推动变革

9 略评萧功秦大师的《新权威主义如何走向民主》

戈阳

这位萧博学先生说，皇上是明君，自会给你们大家民主的，而且民主很简单，不过就是一人一票嘛，不就是像香港那样，皇上钦定几个人，大家在这几个人里面选一个就可以了。中国民主协商论坛主编老王社长热评萧博学的杰作，说，“民主是工具”，我们一向以为民主是目的而不是工具，民主是给我们带来自由和保障我们权利的社会制度！原来民主是皇上实施统治的工具呀！真是深刻之至！本人虽然愚钝，却也经过一番认真刻苦研读，终于领悟出了皇帝新衣的价值。现将心得笔记分享如下：

1、作者认定当今 “中国进入了新权威主义体制下实现成熟市场经济的黄金时代”，那么我想问，如今外贸（包括贪官在国外搞的假外资在内）连年下降，人民币对外大幅贬值，对内严重通胀，金融业出现债务违约，人民仍然没有福利和生活保障，整个市场被国企（实际上是几大家族企业）所垄断，其他企业奄奄一息，而整个经济发展已经进入衰退阶段，连 7.5%的增长也是在不计通胀指数之下得出来的……这样的经济是“黄金时代”吗？这样的经济与 90 年代相比究竟哪个算黄金时代？我来回答你：那个阶段国企濒临倒闭，但外资企业独领风骚，促进了就业的大发展，那时的农村人进城打工可以得到非常高的回报，而那时的人民币处于升值压力之下，通胀指数非常低，在发达的经济省份几乎无需发愁失业率问题，根本就是用工短缺时代，因为那时的经济不像今天完全靠房地产推动，而今天的房地产背后所造就的是全国一亿多被强拆的访民们失去土地、房产和生计之后的无法存活和受尽权力机关的各种打压与折磨，而维稳费用一年几千亿之巨，全都是人民的血汗钱啊！乃至到了今天一个孱弱女子急情之下抢夺打人的国保身上的水果刀刺死行凶者，而访民的结局又会如何？有多少可能是夏俊峰的结局？又有多少可能是薄谷开来的结局？或者有多少可能是邓玉娇的结局？

2、作者给当今的皇权专制起了一个好听的新名词，叫做“新权威主义”，皇上不再是皇上了，皇上有了一件新衣服，叫做“新权威”，而且新权威还有能力“不断自我更新”！大家赶紧下跪啦，我们迎来了一个多么伟大的明君啊，一个“新权威主义”时代，一个新权威盛世的黄金时代！作者告诫我们“老百姓”们：在少有的“新权威”的明君时代，请记住，如果要指望皇上解决社会问题，那么必须同时满足两方面条件：一是只能通过市场经济的进一步完善，来解决由市场经济所带来的问题，改革产生的问题，只能通过改革来解决，舍此没有其他出路；二是必须保持政治与社会稳定，只有这种稳定的政治环境，才能避免左右极端主义思潮冲击下的政治参与爆炸，使深化市场经济的改革得以顺利推进。而这两个条件合起来，就是新权威主义了。请各位注意了，这是作者定义的皇帝的新衣，赶紧回去背好了！你们如果要民主，那就得为新新皇上创造这样两个条件，“如果没有这两个条件，过一千年中国也演化不出民主来” 。记住了：跪族们，不要催皇上，否则皇上不高兴，后果很严重。作者总结说：“不能过分强调从新权威主义到民主政治的计划日程表。”

3、作者提醒：民主是“以社会团体组织的协商为基础的，是法团主义的，不是街头式”。公民文化培育最好的地方，“不是广场，不是大街，而是非政治的社会组织。”作者认为你们太不懂沟通了，你们利益得不到实现是因为你们不懂妥协，要知道法律不会保护你们的利益，什么要求公正、反对强拆……这些都是你们不会沟通导致的！作者还警告跪族，“学会沟通与表达自己的利益，学会在妥协中实现各自的利益，”。记住作者的忠告：在共产党的执政安全感不受到挑战的领域里，自由度还是非常大的。例如你们若要搞社会组织，可以搞非政治的，如搞个什么跳舞唱歌会，也可以上网玩游戏，这些可以让皇上感觉安全，然后一切问题皇上就都给你们解决了

4、 但是当谈到学术和民主概念的时候，作者居然说政治学界的大多数学者认为“民主是一种好的价值”而作者自己则认为民主是“多元化发展到一定阶段的协商机制的内在社会需要”，是建立在经济基础上的上层建筑，“而且中国未来的民主一定要与中国的国民性格、民族文化特质相适应”。据我的理解，民主是一种建立在“法大于权”基础上的法治而不是人治的社会制度，它的目的是保障人民的自由和权利，看来真正的愚民是我，民主原来只不过是一个价值而已，是上层建筑！可是专制暴政不也是上层建筑吗？看来大师是要用大而化之的方式将仁政、暴政、专制、民主、人治、法治等等概念全部混入它的大坛子里面，让本来就不懂民主与法治

的我，更加糊涂。我等只有选择当跪民一条路了！

5、作者说新权威主义是有好坏之分的，这一点我们应该早知道了，暴政和仁政一直充斥着我们的历史课本，那都是共产皇帝总结给我们，要我们背下来的。不过，作者还很创意性地给出区分好坏的三个标准：1、可控制性；2、弹性空间；3、包容能力；作者这是在告诉跪族：即使是皇权专制，也有好的和坏的。这不是恐吓我们跪族吗？这是在告诉跪族：若希望跪得舒服点，请为自己做个跪垫，这个跪垫就是前面的这三点。作者反对“通过斗争获得民主”，主张跪下来“通过民主妥协达到共识”。你想问：那皇帝在皇宫前面过去杀了那么多的学生与市民怎么妥协？作者说：“中国未来的民主怎么实现？必须让主政者有比较多的安全感，只有有了安全感，且不会引发社会对其执政地位挑战的情况下，中国的民主才会被当政者考虑并推行”你问皇上杀人的事，那不是找事吗？前皇帝“邓小平从来没有说过中国未来不要民主”。原来所有皇帝都是明君啊！跪族们还是把那前皇帝杀人的事给忘了，这就是妥协！

附件：

萧功秦：新权威主义如何走向民主

10 宪政之争就是政权的合法性之争

钟国平

习近平在登基初始主动谈及宪政与中国梦，结果 2013 年元旦“南方周末”准备刊登元旦贺辞《中国梦 宪政梦》时，中共突然对这篇文章进行封杀，从此开始打击关于宪政的讨论，直到现在甚至提出“三个决不允许”以禁止讨论宪政改革和一切“西方思想”。两年来，抓捕的异议人士、律师及通过网络表达最温和的意见人士超过胡温执政十年的总和，而我们都清楚，胡温时代的言论自由已经在维稳政策下连年倒退了。

宪政讨论的大背景是什么？是中共的严重腐败和“一党专制”引起社会的强烈不满。每年光是“群体事件”（中共词汇）多达几十万起，甚至更多。而所谓“执法人员”打死平民事件屡屡发生，几乎没有任何肇事者负法律责任，因为他们打死人是在“执法”，也就是说，执法是践踏人权与生命尊严的合法借口，剥夺公民生命无需上法院等待判决那么繁琐了，中共的法律成为非法暴政的保护伞。对中共来说，正如「六四」大屠杀事件发生后，枪杆子消灭了人民的声音一样，所有宪政讨论的声音也必须消失。然而，想压制就事论事的声音容易，想压制民间的不满和腹议却很难。因此，有关习近平的任何话题都可能转化为质疑中共执政合法性的导火索。

而习近平于登基初始为显示姿态而谈的宪政及中国梦话题就这样直接激活了社会对宪政的公开讨论，实际上它是社会质疑中共政权合法性的过程。为什么这么说？因为宪政是民主政府的合法性标志。没有宪政的政府可以存在，但绝不是民主政府，也就是说，声称自己是民主政府而不实施宪政的政权就是伪政权；靠枪杆子维持而不是靠宪政维持的政权就是军政权，与民主政府是根本对立和水火不容的。中共清楚地知道，宪政问题继续讨论下去，则中共政权的非法性将彻底暴露，中国大陆现在是民主国家的谎言将被彻底揭穿，因为中共从未取得民主执政的合法性。

那么在真正的民主共和体制下，政府是如何取得合法性的呢？

首先是政府必须与全体公民订立社会契约，也就是一个政权与全体社会订立的执政协议。这个执政协议的名字叫「宪法」，内容包括社会授予政府哪些权力，这些权力用来保护公民的哪些权利，这些权力如何在不同部门之间进行切割，以及政府的产生与换届的法律程序。最重要的是，政府权力与公民权利之间的界线在哪里，也就是政府权力的边界线在哪里。

其次，宪法的制定是在正式的新政权成立以前，由临时政府或监管政府组织全社会选举代表制定，这些代表叫制宪会议代表，这不是官职，在宪法得到全社会认可后（全社会的认可是必须的法律程序），这个制宪会议将取消，制宪代表完成使命、各自回家。那么以后要修改宪法条款呢？从法理上说，这样的程序需要再走一遍，但由于政府已经产生，实际程序可能会简化。

第三步，执政协议，即宪法，通过后交予全国人民表决批准。这样才开始选举产生正式的政府，临时政府或监管政府解散。政府所有官员被选举出来后，均要宣示效忠宪法，而不再是效忠任何政党、政府和个人。这样，一个合法的政府就算产生出来了。

再对比审视中国大陆这个号称共和国的政权有没有合法性：

首先，虽然现在中国有一部被称为宪法的法律，但是这部宪法不是政府与人民之间签订的执政协议，因为它不是由人民选举的制宪会议代表制定的，按民主宪政的定义说，制宪会议代表不是权力部门的官员，民主政府的官员必须在宪法确立后产生。如中国的人大代表或政协代表都是权力部门的官员，他们无权制定宪法。这部中共法律、或曰宪法是中共这个临时政府自己主持和自己订立的，其本质就是某些号称学者的人所苦心推销的「党主立宪」，在这种非法程序下产生的宪法是伪宪法，这样的政权是伪政权。

其次，从内容上看，这部法律也不具备执政协议的功能：它没有设定权力边界，也没有切割权力（注：权力分工或政府分部门不算权力切割，因为分权的意思是由人民独立选出，当选者直接向人民负责而不是向其他权力部门负责），更没有任何权力机构的负责人直接或间接由人民选举产生。与此相反地，这部法律将人民关进了中共权力大厦的笼子：这部法律规定任何人不得反对中国共产党的领导，社会主义道路，马克思列宁主义和无产阶级专政，还规定爱国是公民的义务，并规定不履行义务者将被剥夺权利。

一部宪法原本是要规定政府不能做的事情，但中国大陆的宪法却反过来规定公民不得做的事情，使得公民权利被法律剥夺，所谓的第 35 条和保护人权的条款形同虚设。这哪里是公民限制政府权力的执政协议，这分明就是绑架人民的卖身契！这样的法律居然也被称为宪法，其实根本就是「反宪法」！

最后，由于中共建政以来至今都没有执政协议（或授予政府合法性的宪法），因此这个政府从 1949 年至今都仍然是临时性的政权，不是合法的民主政权；

一个连执政协议都没有的政权，根本无从谈起将执政协议即宪法交由人民批准，那么，这个执政党怎么具备合法性呢？

从以上三点看，中共政权是临时政权，根本未曾取得过合法性。这一点中共比我们平民更加清楚，从中共篡政以前的中共党报——新华社的报纸文章就可以看得非常清楚，尤其在 1989 年「六四天安门大屠杀」之后，这个政党为保住政权而开枪、公开向人民宣战的事实已经清楚地告白天下，中国共产党是一个未经人民授权的非法执政的政党。

虽然在高压与暴力统治之下和在不间断的洗脑运动中，中国人民未能正式公开地挑战这个执政党合法地位，但是在人民心中或明或暗地已经了解和认识到这个执政党不仅是非法执政，而且自从「八九六四」以来完全是绑架全体人民和篡政窃国。

习近平登基之时就非常清楚中共的地位，胡锦涛温家宝等人希望通过表演获得人民的同情及认可，却是越表演越砸锅。当习近平提出宪政及中国梦之后，宪政话题的讨论陡然升温，然后以“南方周末事件”为起点，宪政研讨不断被官方打压。但如此强烈的人民的意志哪里那么容易就被打压下去呢？所以，中共始终压不下去。

于是有人出来开始“引导舆论”了：兜售“党主立宪”的假宪政。先是无中生有地编造说美国有一个“华盛顿革命集团”，他们就是实行的“党主立宪”，那个制定宪法的五十五位国父就是“华盛顿革命集团”的人，有如“毛泽东集团”一般，都是华盛顿的跟班。但是，生造历史的人却不会提到：美国的制宪会议是在联邦政府成立前制定的，这部宪法得到了全美所有各州的确认，然后才有了联邦政府的。这个合法成立的政府取代了之前没有政府的功能的“邦联政府”。当年的“邦联政府”就是一个各州的联络协调机构，类似今天的欧盟一样，各州好似各个独立国家一样。所以，无论你如何抹黑美国的历史以及美国政府，美国联邦政府从开始运作的第一天就是合法的民主政府，是按照全国批准生效的宪法产生的。中共有吗？读者可以自行判断。

为了给“党主立宪”做背书，有人说“打天下坐天下”是天经地义，是任何政权存在的基础，还举出例子说明哪个民主国家的政府也都是如此。果真是如此吗？先看看这个俗语，原来的完整表述应该叫作“打天下者坐天下”。这是什么意思？就是谁用暴力得到了“天下”，这个“天下”就是他的。再简单不过吧？但是，这背后有一层含意，那就是“天下”永远是“私有”的而不是如民主社会那样国家是所有公民的。“坐”天下，就是“统治”这个国家，也就是说权力是私权力而不是公权力。而民主社会的政府权力为公权力，这已经是常识了吧？换句话说，民主政府不是在“统治”而是根据宪法“服务”这个国家。“统治”与“服务”的差别似乎太抽象，不容易区分。那么，仍然回到宪法的最原本的定义，“服务”的意思就是权力由选民掌握，被选出来的人只能按照宪法的规定得到被授权的那部分权力，而且人民可以将权力收回（通过重新选举或弹劾）——这才是公权力的含义，这才是真正的权力归属人民！因为权力由人民给予，也由人民收回。

再看中国式的“坐”天下：第一、“天子”或“皇帝”的权力从来就是暴力角逐中的胜者掌握的，根本与人民没有关系。在角逐权力之后，赢家是谁，天下就是他家的。这不仅体现在权力未曾在人民手上，更体现在人民根本没有选择的权利，人民就是不折不扣的被“统治”者。也就是说，给“党主立宪”做背书的“打天下者坐天下”其实就是指：执政规则不是基于一切权力归属人民的公权力制度，而是基于“枪杆子”或者说暴力维护的私权力制度。第二、正因如此，“打天下者坐天下”的江山永远都只能靠暴力来维持。这就是中共在自己制定的法律中所说的，“国家是一个阶级压迫另一个阶级的暴力工具”。第三、"坐天下者"决不会允许一个可能淘汰自己统治地位的选举制度的存在，与宪政体制下执政者由人民直接选举产生。相反，中共在宪法中确定中国共产党为永久唯一的法定执政党。这种明显反宪政的基本条款已经告白天下：中共绝不会搞宪政，权力只能属于中共独家拥有，绝不会由全体人民去选择。请问如此赤裸裸地将权力私有化的政党是一个民主宪政制度下的政党吗？不！这是一个明明白白的反宪政制度的、与美国和其他民主国家绝对对立的专制独裁政党。

当权力为私权力而不是公权力的时候，任何注脚都无法改变专制和反民主政权这一事实。那就不要再羞答答地拿什么“民主”和“宪政”当遮羞布了！民主政权的合法性是由具体的法律和法定程序确认的，不是皇帝的新衣。

总之一句话：宪政之争毫无疑问地就是执政者的合法性之争。这才是中共最害怕的话题！

11 究竟哪个国家在系统性地制造人权灾难？

——评何兵先生的《美国“严打”的教训》

钟国平

何兵先生撰文说：衡量一个国家的治理水平有两个相对客观的指标：国民平均寿命和监狱在押人口比，由此指出，占总人口 5%的美国在押人口占世界的 25%，每 100 名美国人中，就有一个在"大墙之内"（请记住这个描述，后面笔者将具体解释在押人口与"大墙之内"并不是一回事）。何先生进一步提醒说：何先生说，"监狱人满为患，说明这个国家主要靠暴力来维护秩序。" 这是"人权丑闻"和人权灾难，而它是美国总统爆出来的。何先生指出，不仅以大规模监禁侵犯人权，而且存在着种族歧视，这些人出狱后，没有选举权，失业且没有政府房屋补贴，信用记录差；而还有五万多人因非暴力犯罪被判终生监禁，并没有假释。

如果根据国际学术标准及国际社会的观点（参看维基百科英文词条"治理"，其中有国际社会各界对相关方面的治理水平的评估标准：https://en.m.wikipedia.org/wiki/Governance），以及具体的各国监狱统计数据和监狱管理法，以上这段信息全部为误导性或错误信息。

首先，衡量一个国家的治理水平有着非常成熟的指标，以世界银行为例，世界银行成员国针对 200 多国家的六个方面进行了国家治理水平的衡量，这六个方面是： 言论自由及社会责任，政治稳定和低暴力，政府效力，法规质量，法治水平，控制腐败。 最后，世界银行发展出世界各国治理指标（WGI），它包括：和平与安全，法治，人权与社会参与，发展的可持续性，个人发展。在这里提醒何先生，这里没有任何一个指标是"监狱在押人口比"，更没有一个指标归纳出"人口比高意味着侵犯人权以及人权灾难"这样的论点。世界上还有其他的衡量国家治理水平的成熟指标，情况与世界银行的类似。因此，认为日本人平均寿命最长就是最善治国家，而在押人口比例是中国的六倍即意味着中国人权水平比美国好五倍，是没有根据的。

其次，所谓美国总统爆出人权丑闻和人权灾难为子虚乌有。美国司法部隶属美国行政部门，即归属美国总统管理，而这个部门之下有一个机构，叫作司法统计局，专门统计监狱管理数据，而且统计报告会及时公开在该部门的官方网站上。这属于政府透明度的一部分，也是程序性工作体系的一部分，不是秘密资料，无需任何人"爆"料，更不劳美国总统爆料。截至 2013 年 12 月 31 日的报告是在 2014 年 12 月完成的，奥巴马就是针对这一报告批评美国立法及法院系统的。

第三，何先生的"一组数据"却并不是遭到奥巴马批评的 2013 年的数据，却是 2006 年由英国国王学院调查的 2005 年的数据，也就是八年前的数据。而何先生在描述时（即声称的所谓 1%的美国人被关在"大墙之内"的描述）扭曲了真实：美国的监狱总人口包括三类人：第一类人相当于中国的取保候审状态，叫“缓刑”，指实际刑期之后的考验阶段。但与中国不同的是这类人有行动的自由，只是需要按照法院判决期限定期向司法监管办公室提交生活汇报表；第二类在监犯人指已经判决且刑期超过一年的人士，此类在美国叫重刑犯，相当于中国的监狱服刑者；第三类指未判决人士、少年犯罪但尚未结案者、精神病人尚处于鉴定阶段者及缓刑或假释期间因违规而重被收监者，以及判决期从一天到一年以下的人士，略相当于中国的看守所。所谓每一百个美国人就有一个被关押，指的是三类人相加的数字，真正被关押的人近年来为总人口的 0.5%(参照图一：美国司法统计局 1925－2013 年的数据，红线。其中结案并服刑的美国人仅为 0.36%）；同年中国监狱服刑人口占千分之一强。

但问题不在于此。如果拿 2005 年在监狱服刑超出一年的人口数来对比，当年美国的在监服刑人数接近 153 万人（含军队监狱及少年转化院）；当年在中国监狱服刑的人数为近 155 万人（不含军队监狱及看守所劳教院等）。但真实情况却不止于此，因为中国公布的"大墙之内"的人口数量仅是真实数量的一部分。

同样是 2005 年的监狱统计数据，BBC2006 年的深度分析栏目也提供了监狱人口数据表（http://news.bbc.co.uk/2/shared/spl/hi/uk/06/prisons/html/nn2page1.stm），我将相关数据翻译成中文，如表一所示：

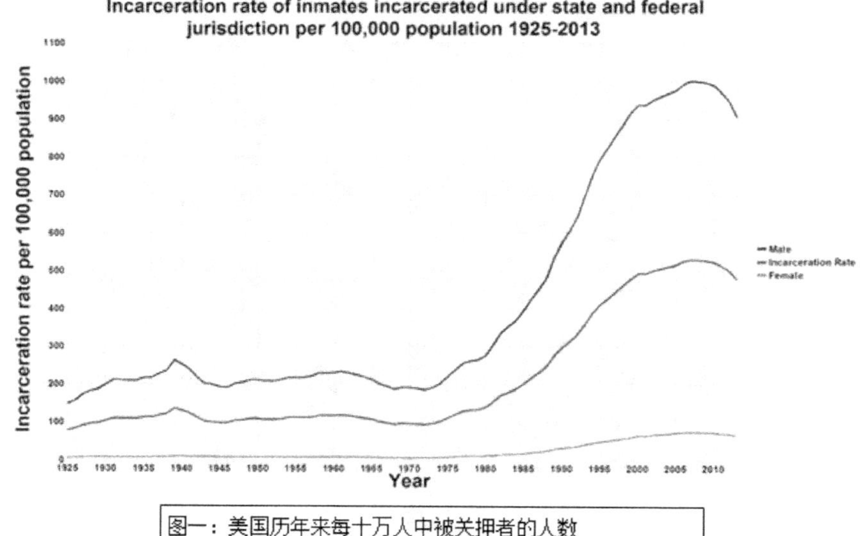

图一：美国历年来每十万人中被关押者的人数

表一：2005 年各国监狱/看守所数据分析（美国/中国情况摘抄）
数据来源：国际监狱研究中心（International Centre for Prison Studies）

国家	监狱总人口	每 10 万人比例	看守所使用率	未结案者比重	在押女性比重
美国	2194798（含看守所军事监狱少年院）	737	107.6%	21.2%	8.9%
中国	1548498（仅为监狱在押人口）	118	不适用	不适用	4.6%

继续分析这个数据：先看美国，何先生谈到被监禁的人里面一半以上都是非暴力犯罪。这是因为，自 1970 年以来开始对毒品犯罪加大刑罚力度，但毒品犯罪属非暴力犯罪，故最高刑罚为终身监禁，而不可判死刑。美国被关押的罪犯中，联邦监狱 51%是毒品犯罪，而州监狱则是 21%，（1997－2004），总人数约 35-40 万，其中涉毒犯罪三次以上者最低刑期为 25 年，最高为终身监禁，所有毒犯都没有假释的机会，这就是何先生所说的 1/3 终身监禁者为非暴力犯罪人员。美国 1986 年通过了反毒品犯罪法，将涉毒 5 克以上的冰毒或 500 克以上的毒粉（后通过新立法改为 90 克）规定最低刑期为 5 年。正由于这个原因，从上图可看到 1975 年以后，美国入监人

口比例急速上升。然而与中国对毒品犯罪判死刑相比如何？由于毒品惯犯的长期服刑且无假释和大量涉毒案件的存在，被关押人口比重从 1925 年的 0.1%上升到 0.5%左右。如果按中国法律，这些人直接死刑，不会因常年关押而连年增加关押人口的比重。那么，哪种法律更加人道呢？更不用说中国用死刑犯器官赚钱的丑闻了。

何先生谈到美国在判刑上"存在着种族歧视"，这是指一些新闻媒体爆料称：自从反毒品犯罪法案通过以来，黑人涉毒犯罪及服刑者大量增加，而真正涉毒交易及吸毒在各人种中比例却是相同的。然而法律专家的意见却不同(https://en.m.wikipedia.org/wiki/Race_and_the_War_on_Drugs)：由于冰毒致命性严重超过毒粉且属娱乐而非治疗目的，冰毒犯罪在法律上受到严厉惩罚。然而冰毒在低收入人群中尤其是黑人和有色人种中的使用极为广泛，而且他们的交易许多是经过"街边毒贩"（公共场所），容易被抓捕，而白人使用毒粉的多，交易多数在私人场所（根据美国法律私人场所没有法院书面许可不得搜捕），因而被捕的概率低很多。即使被抓，由于美国的取保制度，使得多数中产以上的白人可以交保证金后不被实际关押于看守所，而低收入者却无力交保证金。这种情况并非起源于系统性的法律上或执法层面上的歧视，虽然不排除某些个案的处理不公，但是当事人有上诉及抗议示威的权利，如前年发生的美国黑人青年因被疑涉毒犯罪，逃跑过程中被警察打死而遭连续长时间的抗议。

再看中国数据：两个"不适用"，这意思是，没有相关数据。为什么没有相关数据？可能因为：从第一个不适用看，中国看守所使用率可能极高，及人均占地面积极低，透露出来必被指责为不人道对待被关押人；从第二个不适用来看，可能是中国看守所人口总数非常高，而狱中服刑者仅为极少一部分。那么其余的"大墙之内"的中国人在哪里？

根据人权观察 2015 年 6 月发布的《老虎凳和牢头狱霸》的中国酷刑状况调查报告，进看守所的人仅有 0.07%被法庭判无罪释放，其余的全部被判刑；然而看守所中尚有一部分人连法庭程序都进不了，直接被公安转到劳教所或者黑监狱。笔者以"prison population China"（中国监狱人口）搜索，查找出维基百科透露的中国各种官媒报道的中国 300 多家劳教所关押的人口数据（https://en.m.wikipedia.org/wiki/Re-education_through_labor），为每年 19 万至 40 万之间。

也就是说，中国的"大墙之内"的人口有三个部分：监狱服刑者＋看守所被拘押者＋劳教所被劳教者（2015 年以前）。以此计算监狱服刑者＋劳教者人口总数为 174 万-195 万人。中国的看守所究竟关押了多少人？监狱政策研究院的调查数据显示，中国看守所里关押着大约 65 万人（http://www.prisonstudies.org/country/china）。因此，中国"大墙之内"的人口可能是：155 万19-40 万65 万，合计：239 万至 260 万人，以此计算，人口比例为千分之二。

但是在这些中国官方承认的正式关押机构以外，还有法制学习班、强制戒毒所、公安系统的精神病院和养老院。这些地方与法定关押机构一样，也属于“大墙之内”，其中法制学习班里主要关押法轮功练习者，上访人员主要被关押在法制学习班、精神病院和养老院。每年被抓的法轮功和访民有多少，谁也说不清，因为这些地方不受法律制约。我们知道上千万的法轮功和访民们经常被抓被截访，然后被关押在这些非法拘禁场所。虽然我们不知道具体人数，但一个名为“事实与数据”的网站（http://factsanddetails.com/china/cat8/sub50/item1646.html）披露，2009 年 12 月，一个在黑监狱被关押的大学生遭到强奸，事情被公开到洛杉矶时报后，强奸者被判八年徒刑，但中国在起初时试图否认黑监狱的存在，最终在新华社下属的瞭望杂志上承认：仅北京一个城市就有 73 个黑监狱，上百间各种法外拘押场所里面关押着共 1 万人。

第五、究竟什么是"监狱人满为患"的问题

何先生说，"监狱人满为患，说明这个国家主要靠暴力来维护秩序"。他指，美国监狱的状况属于“人权灾难”，这里仍然提供英国伦敦国王学院统计的世界各国 2010 年监狱可容纳数量及实际数量之美国情况：美国 2010 年的在监人员总共超员 98864 人，监禁机构的关押人数超员 4.6%。需要说明的是：根据国际人权组织人权观察

1991 年的调查报告（https://www.hrw.org/sites/default/files/reports/US91N.pdf），经过对 20 多家监狱实地调查后表示：有些违反规定的监狱有时会永久性地安排使用上下铺，严重时犯人的人均面积被压缩到 2.4 平米。人权观察指出这种“人满为患”严重侵害了服刑者的权利。上图显示严重的人满为患时的美国监狱，犯人的健身馆变成了监舍，且不是单人床位而是三层铺。

然而，具有讽刺意味的是中国监狱人均面积常常不足 1 平方米，一个几乎尽人皆知的事实是：一个 20 平方米的拘留所监舍可以塞进去 30 多人。

第六、最严重的问题还要算被拘禁者的待遇问题

何先生指，美国“犯人出狱后，由于没有选举权，找不到工作，拿不到政府房屋补贴，信用记录差等等，无法重回社区和社会。”美国犯人出狱后转为缓刑，即定期去缓刑官办公室填表，这个阶段没有选举权，因为刑期尚未结束，但找工作、福利待遇方面与任何其他人都一样，雇主无权询问犯罪记录然后再决定录用。找不到工作的人多数在入狱前也失业，并非因为入狱。信用记录是银行的政策，通常只要没有企业固定地每月预扣税，则银行记录都不会太高，但这与入狱没有关系。但即使没有工作，失业救济可以领一年多，之后无工作可领到每月生活必需的食品券，有病的话可以先看病，以后有能力了再还。美国工作机会多，失业率仅为 5%，属最佳比率。这就是为什么连 1100 万非法移民能长期在美国生活的原因，更不用说有意愿工作的美国公民了。

犯人待遇差且无法重回社会的是中国。同样是国际上最大的人权组织之一——人权观察，于 2015 年 6 月发布中国监狱的人权状况——《老虎凳及牢头狱霸》（https://www.hrw.org/zh-hans/report/2015/06/24/278258#page）。报告由人权观察研究员在 2014 年 2 月到 9 月之间透过 48 位个人访谈和审阅文档进行调查，并跟进研究到 2015 年 3 月。分析了中国法院在 2014 年前四个月共计约 15 万 8 千份裁判文书中涉及刑讯在押人员的 432 份判决书，以及同一时期中国媒体有关虐待在押人员的报导。先推算一下中国真实的被判入监的人数会是多少？基于无罪释放的比例为万分之七，15 万 8 千份文书应该至少有 157900 人被判入狱（假设每案仅 1 人），那么一年可能有 47 万 3 千人被判入狱。如果按照 150 万监狱人口的话，意味着监狱人员平均刑期为 3 年而已。平均时间真是 3 年而已吗？各位可以自己判断该数据是否可靠。另一个对比是：美国死刑犯要在监狱呆十年才会执行，原因是防止误杀人，而中国死刑犯多

数在监狱呆一年不到，中国有多少死刑犯却还是"国家机密"，但是明确的一点是：点人头他们基本上不会"拖后腿"。

不过更主要的还是要看看中国犯人出狱前后的待遇问题。根据人权观察、大赦国际等国际最大的人权组织的研究报告，中国监狱最大问题还不是面积大小或伙食好坏的问题，而是普遍存在的酷刑问题。下面是一幅获奖的作品，名叫《被告》：

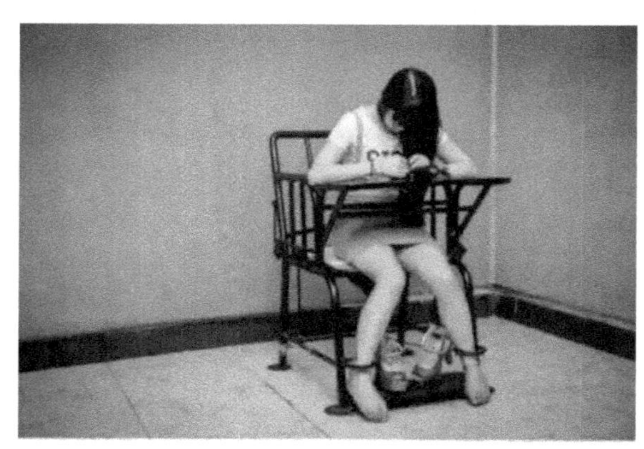

这不是摆拍的，是 2014 年 5 月 6 日发生在重庆某派出所的真实事情，这位女子涉嫌非法性交易，接受询问。摄影师刘嵩凭此照片获得 2015 年荷赛奖肖像类单幅二等奖。实际上据两个国际人权组织总共对近 100 人的访谈了解，所有"涉嫌犯罪者"都享用过坐在这样的椅子上长时间被问讯的待遇。

2015 年 11 月 17 日，联合国酷刑委员会的专家组对中国的酷刑状况进行审议时，专就这样的椅子告诉中国说，"根据联合国国际反酷刑公约的定义，这种老虎凳是酷刑刑具。" 2015 年 11 月 18 日，中国 40 人代表团回复联合国："这不是老虎凳，这是审讯椅，我们使用审讯椅，主要是为了保证讯问的安全，防止嫌疑人有自杀、自残、袭击办案人员的行为，对办案会产生严重影响。我们以前在办案过程中的确发生过这样的事情。有时为让犯人舒服。我们会在审讯椅加软垫。"

作为国际反酷刑公约的签约国，连公约对酷刑的定义都不接受，更不接受用这种椅子审讯是酷刑的说法。为什么？因为根据中国的法律，这是合法的手段，若接受联合国的说法，那么中国对每个嫌疑人都实施了酷刑。"联合国《囚犯待遇最低限度标准规则》规定，戒具只有在防范囚犯伤害自己或他人而有绝对必要时方能使用"。按照国际标准，戒具使用的时间应尽量缩短，也就是应以分钟为单位而非以小时或以天数计算。然而，中国相关法规允许对囚犯使用戒具最长可达十五天，而且可以经主管公安局、处长批准延长使用时间。这种在中国可能不被认为是酷刑的戒具使用却得到法律认可，这就是违反国际反酷刑公约规定"系统性地使用酷刑折磨犯人"的法律及证据。当中国拿不出任何理据来否定联合国反酷刑公约对中国的审议意见时，他们四十人组成的代表团直接说联合国的说法“没有根据”。联合国专家代表说，"既然你们连酷刑的法律定义都否认，对酷刑实施的证据都否认，那为何要加入国际反酷刑公约？！"

事实上比这个更加严重的多的是，下面的图片为其中程度较轻的酷刑刑具，中国商家曾通过阿里巴巴国际网商平台及迪拜国际安防产品展销会上售卖（摘自人权组织——大赦国际 2014 年发布的关于中国酷刑刑具的报告：

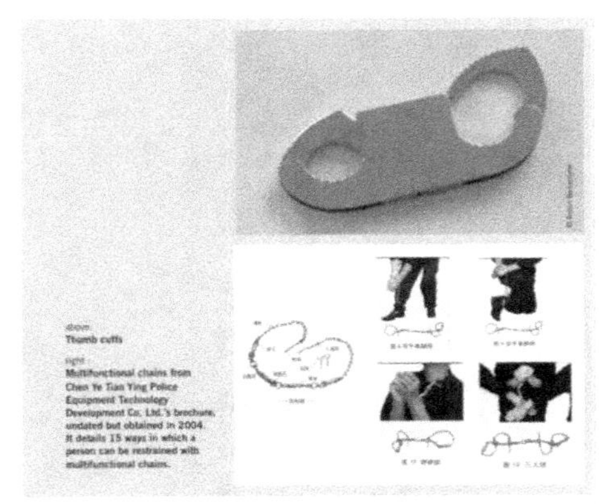

图片来自报告第八页，左边文字为出口商给的说明，告知上图为指甲铐，右图为多用途锁链，厂商销售目录中列举了 15 种用法。

犯人出狱后所受到的系统性的歧视也随时可见，不仅在没有法律许可下监控已出狱者，例如高智晟律师出狱快一年了，看牙医还因"可能危害公共安全"而被禁止！更不用说享受平等用工机会和医疗、失业等福利照顾了。连没有入狱的公民都会因为异议等非暴力原因而遭监控，根本没有谋生机会，更不用说出狱的犯人了。至于选举权，全中国所有公民都没有自由平等基础上的选举权，更不用说刑满释放人员。

限于篇幅，本文只能到这里收笔，最后总结一下：人权灾难往往是由系统性缺陷导致的大规模的人权侵害。而通过中美之间的监狱状况对比，读者应该清楚究竟哪个国家在制造着人权灾难了吧。

后记：有读者认为美国犯人的人权就是差，在此笔者一点没有否认的意思，不过是想告知读者，即使在人权差的美国，或者号称比中国人权差五倍的美国，其犯人所受的人权侵害远不是中国人所理解的人权灾难。真正的人权灾难，与美国这种情况比较起来，我们不难得出结论，那就是，在中国。因此宣传民主国家人权灾难之前，先把国内的状况看一下，照照镜子看看自己有多黑。

附件：

何兵：《美国“严打”的教训》

12 陈泰和教授所译之“民决团”亦不准确

陈素立

（笔者案：本文原作于陈泰和教授被捕之后，因周封锁先生转发的陈泰和教授一文而作，但当时关注其安危而未发表，现在当陈泰和教授已然不存在安危问题之后，笔者判断可以对陈泰和的“民决团”的翻译进行商榷。）

英文 jury 这个词的确没有“陪”的意思而有“审”的意思。陪是翻译者自己加的，盖因中国的等级制度不允许拿掉法官的威严地位吧。但陈泰和教授将 jury 译为民决也同样有问题，因为这些人虽是听证后做判决，但这个词本身并无“民”的意思，也就是说，民决也是他自己加了民以后的曲解。为什么这么说？

首先，这些听审并作决定的人由法官决定，法官代表法律而不是民意。有人说，法官代表民意，这不见得。法官本身的背景与他对法律的理解极其相关，就美国历史而言，历史上的大法官偏向对非洲裔美国人对歧视导致历史上非洲裔美国人受到不平等待遇。但若就美国宪法而言，这是不允许的，宪法规定，公民就是公民，不存在二等公民这个不平等的概念，这就是法律上的所有公民都平等的概念。非洲裔美国人过去被认为是财产，因而不承认其人的地位，但林肯总统宣布奴隶全部自由的那天起，非洲裔美国人就是正式的公民了。公民的法律权利是一律平等的，但是怎么会出现二等公民这样的概念呢？这些偏袒歧视政策显然违背了凡公民均获得同等的法律上的权利这一最大的法治原则。因而法官不是法律的化身。法官在选择听审者时已经有了先期的个人判断，这样的判断既不确保代表法律也不确保代表民意，法律与民意之间不是排他的，存在着极大的灰色空间。最近的例子就是美国最高法院九人大法官对同性婚姻是否符合宪法的最大的分歧性判断——5：4。合法与非法之间不存在第三个选项，这是一个排他性的判断，也就是说，最高法院的法官们所作的决定必然有四个或五个是违反宪法原则的。联邦最高法院大法官都如此，更何况地方州或市县的法官呢？其次，听审者根据其个人立场与背景，也不必然代表民意，更不必然代表公正。我就遇到过某个微型城市的刑事听审，该城市总共只有三万多居民。案件被告是一位外国人。联邦法官任职三十多年，是从外州州派过来审理案件的，联邦检控官是当地人，一位年轻的刚入职没多久的年轻律师。双方就被告是否有罪意见对立，小陪审团最后选择支持检控方，被告被判有罪。但是联邦法官在书面陈述中花费巨大的篇幅论述检察官及陪审团的错误。原因是这个地方的居民在封闭的文化圈中成长，多数居民属于当地四个大家族中的成员。文化程度差素质低，失业率高达 30%。他们所受的公民教育不过是表面的形式，公民中最高学历仅为社区学院的非学位高等教育背景。他们没有所谓的对社会负责的思想，也没有维护公正的正义感，更多的考虑是他们自己生存的小圈子，因而对外国常住居民有排外心理。因而他们判决的原则不是要确保公正而是维护自家利益。

如果按陈教授的不任意增加词意的原则，那 jury 应该叫审判团而不是民决团或陪审团。另外我不知道陈教授去法庭现场旁听过没有。这个制度在美国的成功有它独特的原因，那就是美国整体上是移民国家，同一城市里人们没有相互盘根错节的利害关系，人具有独立性。但是在传统的非移民社会，它将导致严重的腐败与不公。英国很长时间，大概有几百年吧，法院庭审都是极其不公与腐败的，就是因为社区小，人们互相都有关系。在这种情况下，这种制度只会比法官审判更不公正。英国工业革命后，人的流动性加大，社会在一个城市里失去以往的盘根错节的关系，大家互相都不认识，一个城市不再是由若干家族或村落组成，这样才逐渐形成公正。总之，公正判决的前提必须是判决者没有自身利益在里面。

附件:
陈泰和："来逮捕我，我是陈泰和－民决团"

13“双十”宣言：中国公民修宪运动倡议书

中国公民修宪运动发起小组

各位中国公民朋友，

执笔者为中国公民修宪运动发起小组，本小组认为中国宪法，作为国家的根本大法，无视和侵害了中国公民的人权和自由，导致许多严重侵权个案和群体案件。以下案例可以让我们看清宪法在人权保障方面的严重问题：

1、夏俊峰案与薄谷开来案，虽然两案均属杀人，但夏案明显没有蓄谋与故意，起因是小贩夏俊峰遭到城管殴打而拔刀自卫，但夏俊峰被判死刑立即执行，而殴打夏俊峰的城管居然被追认为烈士且获得国家 90 万元的补偿金！薄谷开来蓄意杀死英国人海伍德，是在既没有受到攻击又不存在误杀的情况下犯下的故意杀人罪，却未被判死刑。两个案子相比，让我们知道在法律面前人人是不平等的。在法律面前，国家机关工作人员的地位高于公民的地位。

2、自由人没有自由（如陈光诚、刘霞、胡佳被长期软禁，且遭到暴力威胁与迫害）。政府以国家执法名义任意剥夺公民的自由，从而否认了自由的与生俱来和不可剥夺的特点。政府可以随意侵犯人权说明：在法律面前政府机关的地位高于公民的地位。

3、宗教信仰自由无保障、思想良心无自由

国际人权宣言第十八条规定，人人享有思想、良心和宗教信仰自由，但是在中国，法轮功练习者遭受迫害、维权律师群体整体遭到迫害、异议人士因政治异见而遭受官方骚扰与迫害案件、因环境或司法公正等各种原因引发的区域性群体事件、西藏佛教徒高达 100 多起为信仰自由而发生的自焚抗议案件、以及最为严重的 1989 年 6 月 4 日，中国野战军部队进驻北京城，血腥镇压和平示威的北京市民及学生的惨案……，所有这些案件都涉及到严重的人权侵害问题，因为宪法不承认思想与良心自由，代之以马列主义毛泽东思想、爱国主义教育等等（见宪法序言）同时以宪法中“宗教不受外国势力控制”来严重限制宗教信仰自由和游行、抗议、示威、罢工、结社集会等自由权利。

这些案件或许与你没有直接关系，但是一些法律肯定与你有直接关系，如户籍制度。你因为户籍制度而失去了迁徙自由（迁徙自由是世界人权宣言中的一个基本权利）。你出生的地方成了你的“家乡”，按法律规定，你要想合法迁徙到其他地方的权利遭到了严重的限制和阻止。因为户籍制度，中国公民在人权上变得不平等了，在尊严上也显现出很大区别来了。一个出生在京城的人，虽然同样是中国公民，无论在接受教育、参与文化生活和享受城市建设保障、医疗养老保险的情况都比任何其他户籍的人要优越得多！即使同为京城出生的公民，在接受教育和寻求发展机会等方面，也存在极大的不公平。

本小组认为人权侵害现象之所以广泛存在于中国，是因为中国的根本大法——中华人民共和国宪法存在着严重的无视人权保护与保障的具体条款，中国公民在这部“等同于王法”（亦即传统中央专制王朝时代专门用来威慑与镇压老百姓的成文或不成文的法条、戒律以及人们传统思维中以“天理”为底线的道德观念）的宪法面前失去了国际法定义的人的自由与人权保障。

中国，作为全球第一个签署联合国宪章的国家及联合国常任理事国，有义务遵守联合国宪章和所有已经签署且在国内批准的国际公约与法案（以下简称“国际法”）。联合国宪章在序言中开宗明义地指出“我们联合国的人民，为了避免后代再次遭受我们经历过两次的战争蹂躏，亦为了重申我们对基本人权的信仰”而订立宪章，成立国际组织，即联合国。到目前为止，中国已经签署和批准了《世界人权宣言》、《经济、社会、文化权利国际公约》和《禁止酷刑和其他残忍、不人道或有辱人格的待遇或处罚公约》（以下称“国际反酷刑公约”），亦签署了《公民权利和政治权利国际公约》（尚待批准）。

根据联合国的官方网站的解释，《世界人权宣言》连同《公民权利和政治权利国际公约》及其两部任择议定书，以及《经济、社会、文化权利国际公约》，被统称为“ 国际人权法案（英文）”。据此我们认为，中国政府必须以宪法形式确保国际人权法案和国际反酷刑公约在国内得到遵守和执行，而为了确保人权得到尊重，这个人权保障的法律必须是国家的根本大法——宪法。只有这样，我们才可以确信维护和保障人权是政府的最重要的使命和责任。

联合国认为：人权的普世原则是国际人权法律的基石，各种人权是互相依赖和不可分割的，无论是公民和政治权利（诸如生命权、法律面前的平等权和言论自由权）；还是经济、社会与文化权利（诸如工作权、 社会保障权和教育权），亦或是集体权利（诸如发展权和自决权）都是不可分割、相互关连和相互依赖的。其中一个权利被剥夺也对其它权利产生负面影响。

经过仔细比对现行的中华人民共和国宪法（以下简称“宪法”）和与人权保护相关的国际法，我们发现中国宪法通过巧妙的手段在诸多方面严重违反了“国际人权法案”和“国际反酷刑公约”的法定事项。具体如下：

1、 以沉默方式拒绝承认思想、良心自由的权利，同时以“精神文明建设”为由提出反思想、良心自由的反人权条款

世界人权宣言第十八条规定：“人人有思想、良心和宗教自由的权利;”

但是中国宪法根本不提思想、良心自由，代之以反思想、良心自由的宪法第二十四条：“国家通过普及理想教育、道德教育、文化教育、纪律和法制教育，通过在城乡不同范围的群众中制定和执行各种守则、公约，加强社会主义精神文明的建设。” 宪法同时规定“国家提倡爱祖国、爱人民、爱劳动、爱科学、爱社会主义的公德，在人民中进行爱国主义、集体主义和国际主义、共产主义的教育，进行辩证唯物主义和历史唯物主义的教育，反对资本主义的、封建主义的和其他的腐朽思想。”也就是说，国家以“精神文明建设”为借口，控制人们思想，剥夺人们的独立思考和坚持良心的自由的权利，向公民灌输爱国主义，马列主义，并定义为“社会主义公德”，而将其他思想归纳为“资本主义、封建主义与其他腐朽思想”；这与世界人权宣言第十八条“人人享有思想、良心自由权”发生了直接对立的冲突！

2、 表面上承认宗教信仰自由，但同时用许多非法条件限制或变相剥夺宗教信仰自由的权利

在宗教信仰方面，世界人权宣言第 18 条说：人人享有宗教信仰方面的自由权利。此项权利包括改变他的宗教或信仰的自由,以及单独或集体、公开或秘密地以教义、实践、礼拜和戒律表示他的宗教或信仰的自由。虽然宪法第三十六条说“中华人民共和国公民有宗教信仰自由。”但随后设置了限制条件：“任何人不得利用宗教进行破坏社会秩序、损害公民身体健康、妨碍国家教育制度的活动。宗教团体和宗教事务不受外国势力的支配” 。由此，中国政府得以根据宪法第三十六条规定，以“邪教”来迫害法轮功、同时以破坏社会秩序迫害新疆穆斯林信徒及受外国势力支配等理由迫害西藏佛教徒以及国内基督教家庭教会！

3、 以宪法中的其他条款来否定宪法中的人权条款

联合国人权法案认为：“人权是所有人与生俱来的不可剥夺的

权利，人权既是权利也是义务”。联合国对其中权利与义务的解释是：个人及国家都必须承担义务，其中，个人的义务是在自己享受人权的同时尊重他人的人权，而国家的义务是尊重、保护和兑现人权。尊重义务是指国家必须避免干预或限制人们享有人权。

然而中国宪法在第二章“公民的基本权利和义务”中提到“国家尊重和保障人权。”却又强调“任何公民享有宪法和法律规定的权利同时，必须履行宪法和法律规定的义务。”也就是说，中国公民享有权利是有前提条件的，不是与生俱来和不可剥夺的。这个前提条件就是：必须“守法”，结果是：当法律限制及剥夺人权的时候，公民自然就为了“守法”而失去了与生俱来的不可剥夺的权利。

另外，世界人权宣言第十九条说“人人有权享有主张和发表意见的自由;此项权利包括持有主张而不受干涉的自由,和通过任何媒介和不论国界寻求、接受和传递消息和思想的自由”；以及第二十条第 1.㈠款说“人人有权享有和平集会和结社的自由。”

虽然中国宪法第三十五条确认“中华人民共和国公民有言论、出版、集会、结社、游行、示威的自由。”但是宪法第一条规定“社会主义制度是中华人民共和国的根本制度。禁止任何组织或者个人破坏社会主义制度。”公民的所谓自由，因为“破坏社会主义制度”而遭到剥夺。今年我们所知道的几百名良心犯都是因为发表个人意见如举牌要求官员公布财产，要求废除一党专政以及举行公民聚餐等活动而被以“煽动颠覆罪”“非法集会罪”“妨害公共秩序罪”等罪名而被刑拘的。这就是以宪法其他条款否定和剥夺人权的条款的例证。

4、 联合国认为“平等权利是人权的基石”，而中国宪法以篡改方式否定“法律面前人人平等”的人权基石

第三十三条规定说“中华人民共和国公民在法律面前一律平等。”但是结合第四十一条“中华人民共和国公民对于任何国家机关和国家工作人员，有提出批评和建议的权利；对于任何国家机关和国家工作人员的违法失职行为，有向有关国家机关提出申诉、控告或者检举的权利”以及“由于国家机关和国家工作人员侵犯公民权利而受到损失的人，有依照法律规定取得赔偿的权利。”从这里我们可以看出，公民在国家机关面前处于明显弱势地位，公民没有起诉国家机关的权利，对于国家机关和国家工作人权侵犯公民权利而受到损失的人，也只有权提出赔偿，同样不能起诉相关机关与工作人员。这不禁让我们联想起城管。国家工作人员可以将东莞的摩的司机冀中星打成残疾生活无法自理，但是若要起诉或投诉国家机

关或工作人员却没有成功的可能性，这是千千万万访民正在尝试而屡受迫害的日常性事件！

5、 更加恶劣的是，即使宪法明确规定的公民自由权利，政府仍然可以用“行政法规”等伪法律公然违背，而不会受到任何制止。例如：

1） 中国宪法第三十七条说“中华人民共和国公民的人身自由不受侵犯。任何公民，非经人民检察院批准或者决定或者人民法院决定，并由公安机关执行，不受逮捕。禁止非法拘禁和以其他方法非法剥夺或者限制公民的人身自由，禁止非法搜查公民的身体。”但在中国普遍存在的劳教制度，无需任何手续，直接可以将公民关押在劳教院最长可达三年时间，除此之外，还有公安机关控制的精神病院（如安康医院）以及号称“旅店”、“敬老院”的黑监狱，这些都无需检察院或人民法院裁决。

2） 中国宪法第三十八条说“中华人民共和国公民的人格尊严不受侵犯。禁止用任何方法对公民进行侮辱、诽谤和诬告陷害。”但是在监狱、劳教院所、甚至是学校和其他公共或私人场所，以权力为后盾的侵害公民人格尊严的做法还少么？举个简单例子，国家信访办对所有来访的访民，无论男性或女性，都要直接用手搜身（包括下身），而这种极富侮辱的行为竟然是国家政府的行政法规！

3） 中国宪法第十三条说“公民的合法的私有财产不受侵犯。” 第三十九条说“中华人民共和国公民的住宅不受侵犯。禁止非法搜查或者非法侵入公民的住宅。”然而现如今如火如荼的政府拆迁运动导致大量的强拆现象，不仅公民在住宅内的安全没有保障，而且经常导致人命案发生。原因是，在这个权利的背后，宪法还规定：国家为了公共利益的需要，可以依照法律规定对公民的私有财产实行征收或者征用并给予补偿。这也证明了，公民权利必须排在国家所号称的“公共利益”之后！到底什么是公共利益？宪法和任何其他法律都未提及！

鉴于此，我们特写就中国公民修宪运动倡议书，要求必须修改宪法以彰显人权，使我们真正成为联合国的人民的一部分，享受到真正的人权与自由。我们的具体要求是：

1、 坚持“法律面前人人平等”，在法律面前国家机关、国家机关工作人员与公民一律平等

2、 去除宪法中的“四项基本原则”，因为他们是限制、禁止、侵害人权的条款，他们是导致公民的思想、良心和宗教信仰自由和其他基本人权受到严重侵害的直接要素

3、 将现行宪法未予确认的而国际法中确认的基本人权与自由列入宪法

4、 为确保限制政府任意破坏人权的各种行为，坚持政府工作内容及程序必须经过独立的立法机关代表全体公民立法，并有独立的司法机关监督执行

5、 宪法没有赋予国家的权利，或禁止施与政府的权利，归人民所有。

6、 政府或立法机构不能制定法律干涉宗教发展和宗教活动、或限制言论、出版、和平聚会和向政府请愿的自由。

7、 不能列举宪法其它条文，去剥夺任何人的宪法赋予的任何权利。

考虑到中国现行的宪法、法律和政府法规对人权的保障形同虚设，加之中国人权侵害案件频发且得不到公正解决，为保证联署公民的人身安全，本小组以非公开方式发起海内外的中国公民联署本倡议书：请各位发邮件到 xiuxianxiaozu@gmail.com；标题可以自定，内容为：真实姓名+身份证号码。本小组收到信件之后，会回一封信以确认您的联署识别号。待到联署名单达到 10 万人时，本小组将按照姓氏排列顺序公开 10 万人的联署人名单。待到联署人达到 20 万人时，本小组将向中华人民共和国全国人民代表大会常务委员会提交本倡议书，同时向联合国反酷刑委员会及联合国难民署总部提交本倡议书的联署人名单，请求联合国反酷刑委员会和联合国难民署关注本名单中的联署人的人身安全与自由。

为了您自己的自由、为了您自己的权利保障，中国公民修宪运动发起小组诚意邀请您参加我们的联署活动，本联署并不马上公开，因此具有一定的安全性。我们期待您的响应。谢谢您的参与！

此致，

中国公民修宪运动发起小组
于公元 2013 年 10 月 10 日
中国公民联署邮箱：xiuxianxiaozu@gmail.com

附页 1: 《四五论坛》1978 年 11 月 26 日创刊的封面照片

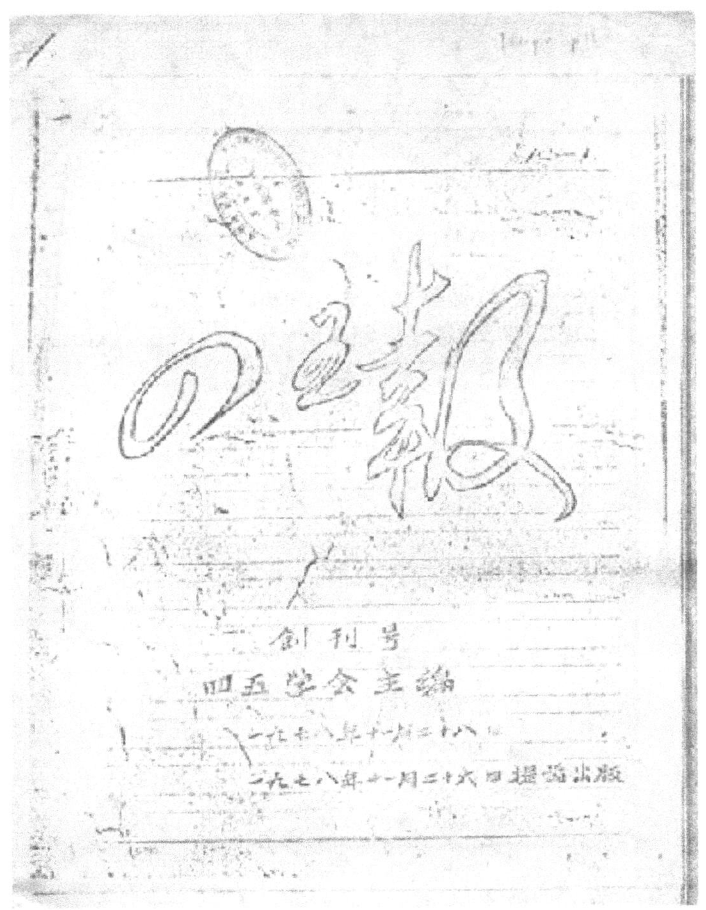

附页 2：《四五论坛》**1980** 年 **3** 月 30 日告别刊的封面照片

关于主编戈阳

戈阳对《四五论坛》的了解已经有一段时间了，并曾经在网络版的《四五论坛》上发表过文章，受到读者喜爱。戈阳为中国大陆学者，主修美国历史，对宪政多有涉猎。在本期《四五论坛》中，有戈阳过去的论文，供各位读者了解。

由于本论坛的战略定位原因，可能众多朋友的来稿不会发在《四五论坛》，但是戈阳愿意完全免费为异议人士提供出书或发表文章的便利。您若要出书或发表单篇文章，无需任何人审核，只要有意愿即可发行。价格上，无论是免费还是收费，均由作者自定。销售收入，只需要设立一个自己的 Paypal 账号，即可直接由书籍出版平台寄出，无需经过任何中间人的转手。

戈阳鼓励和支持异议人士上各种购书平台，正式发表文章和书籍（可匿名）。有意寻求戈阳协助发表文章或书籍的异议人士，可联系《四五论坛》。方法是：上推特，向推特账号“四五论坛”（https://www.twitter.com/45luntan）发私信。非好友亦可发送私信。

对《四五论坛》有任何评论、感想或建议的读者，请上“《四五论坛》的脸书专页”（https://www.facebook.com/%E5%9B%9B%E4%BA%94%E8%AB%96%E5%A3%87-1093925103964019/）留言，非常感谢。

戈阳的“新书发布平台专页”（https://www.smashwords.com/profile/view/Caring4China）未来将会发布除《四五论坛》以外的新书，欢迎读者访问，读者亦可通过该平台与戈阳交流。

- 注意：戈阳的新书打印版发布消息将放在脸书专页上。

www.ingramcontent.com/pod-product-compliance
Lightning Source LLC
Chambersburg PA
CBHW072110280526
45788CB00006B/2483

* 9 7 8 1 5 3 0 7 2 7 2 8 5 *